Sanidad
para las
EMOCIONES
de la
MUJER

SANIDAD
para las
EMOCIONES
de la
MUJER

PAULA SANDFORD

CASA
CREACIÓN
A STRANG COMPANY

La mayoría de los productos de Casa Creación están disponibles a un precio con descuento en cantidades de mayoreo para promociones de ventas, ofertas especiales, levantar fondos y atender necesidades educativas. Para más información, escriba a Casa Creación, 600 Rinehart Road, Lake Mary, Florida, 32746; o llame al teléfono (407) 333-7117 en Estados Unidos.

Sanidad para las emociones de la mujer por Paula Sanford
Publicado por Casa Creación
Una compañía de Strang Communications
600 Rinehart Road
Lake Mary, Florida 32746
www.casacreacion.com

Originally published in English under the title:
Healing for a Woman's Emotions
Copyright © 2007 by Paula Sandford
Published by Charisma House, A Strang Company,
Lake Mary FL 32746

Traducido y editado por Pica y 6 Puntos
con la colaboración de Salvador Eguiarte D.G.

Diseño interior por: *Grupo Nivel Uno, Inc.*

Library of Congress Control Number: 2007925420
ISBN: 978-1-59979-045-9

Impreso en los Estados Unidos de América

07 08 09 10 * 9 8 7 6 5 4 3 2 1

Este libro lo dedico con amor
a mi esposo, John.

CONTENIDO

PRÓLOGO

MUCHA GENTE, ESPECIALMENTE LAS MUJERES, andan por ahí con el alma herida, buscando un lugar de paz donde puedan encontrar descanso y sanidad. Como mujeres, Dios nos creó más emocionales que los hombres, y experimentamos esas emociones con mayor profundidad que los hombres. No hay nada malo con permitirse sentir esas emociones, pero cuando te quedas atada a tu dolor a causa de las heridas emocionales, algunas veces no tienes ni idea de adónde buscar ayuda.

Tristemente, muchas buscan esa paz en los lugares equivocados. Algunas recurren a las doctrinas o religiones falsas como la Nueva Era, la Cábala, la Wicca y otras. Las mujeres están volviéndose a los medicamentos antidepresivos y antiansiedad, que les sirven de muleta y les permiten funcionar de manera "normal" en su vida diaria, pero, en realidad, viven al filo del precipicio.

No obstante, como creyentes en Jesucristo, sabemos que hay respuestas por medio del poder del Espíritu Santo que pueden sanar el alma. El único con el poder sobrenatural para sanar la mente, la voluntad y las emociones es Jesús, el Salvador del mundo.

Salmos 23:1-3 nos da una fuerte declaración para sanar nuestras almas heridas: "Jehová es mi pastor; nada me faltará. En lugares de delicados pastos me hará descansar; junto a aguas de reposo me pastoreará. *Confortará mi alma*; me guiará por sendas de justicia por amor de su nombre" (*énfasis añadido*).

Hay una poderosa verdad en esas dos frases: "Nada me faltará" y "Confortará mi alma". En la primera frase, la palabra *faltará* proviene de la palabra hebrea *chacer*, que significa "carecer; fracasar". Si estas herida en tu alma hoy, el Buen Pastor llenará el vacío si tú se lo permites, y no tendrás necesidad de nada. La palabra *confortará*, en la segunda frase, proviene de la palabra hebrea *shuwb*, que significa "restaurar". Él quiere sanar tus heridas, lo cual te llevará a restaurar la intimidad con Él y dejar atrás tus heridas del pasado.

Paula Sanford, en mi opinión, se destaca como una gigante en el Reino y como una experta en el campo de restaurar almas heridas. Ella y su esposo, John, han invertido su vida sanando almas heridas. Saben no solo como ministrar salud a cada parte de la persona que Dios nos ha hecho ser, sino que también nos ayudan a encontrar ese lugar en el que vivimos junto a aguas de reposo y a delicados pastos.

Como mi compañera de oración y amiga, Paula, ha orado por mi familia y por mí durante muchos años. Es genuina, y su don dado por Dios para restaurar el alma es poderoso y dador de vida. ¡Lo que ella enseña funciona!

A medida que leas *Sanidad para las emociones de la mujer*, te estarás embarcando en una de las travesías de mayor impacto que puedas tomar en tu vida: la travesía hacia la restauración y la paz.

¡Bienvenida al lugar de aguas de reposo y pastos delicados!

—CINDY JACOBS
Dallas, Texas

PREFACIO

H E INTENTADO ESCRIBIR ACERCA DE TEMAS de los que me hacen
preguntas a menudo. No pretendo tener todas las respuestas,
pero te aseguro que las que te ofrezco aquí han sido probadas,
experimentadas y vividas en una manera práctica durante bastantes años.
Creo que serán útiles para quienes se apropien de ellas.

No he hablado sobre el tema del abuso sexual, aunque lo considero
la experiencia más dañina que una mujer puede soportar. Casa Creación
publicara mi libro sobre este tema tan importante. Previamente fue publicado por Victory House, Inc., en 1988, con el título *Healing Victims
of Sexual Abuse* (Sanidad para las víctimas del abuso sexual). Una gran
cantidad de víctimas de abuso sexual me han dicho que les trajo más sanidad que cualquier otro libro que habían leído sobre el tema, y muchas
consejeras también me han expresado su agradecimiento y lo han reco-
mendado a sus clientes.

Le pido a Dios que *Sanidad para las emociones de la mujer* se convierta
en una bendición de nuevas perspectivas y entendimiento para todas las
mujeres. Que ese nuevo entendimiento se convierta en una herramienta

que las capacite mejor para manejar sus emociones de maneras constructivas y redentoras.

También espero que los hombres que lo lean sean iluminados con respecto a las mujeres con las que viven y trabajan. Y honestamente le pido
a Dios que lleguen a estar mejor capacitados para respetar, valorar, nutrir
y proteger los dones misteriosos que Dios les ha dado; dones femeninos
que raras veces cabrán en las cajas hechas por los hombres.

—Paula Sanford

Capítulo 1

FELIZ *de* SER YO

DISFRUTO SER MUJER.
Aunque a veces me he sentido frustrada o me he enfadado al enfrentar la doble moral y las opiniones ignorantes y llenas de prejuicio con respecto al lugar y al valor de la mujer en nuestra sociedad, nunca he tenido envidia de los hombres ni he soñado con renunciar a quien soy por tener cualquier otra identidad. Incluso hoy, en la primera década del siglo XXI siguen existiendo mayores ventajas en los aspectos de las oportunidades de trabajo, reconocimiento y recompensa para la especie masculina (solo por ser machos), pero nunca han sido tan atractivas para mí al grado de querer intercambiar lugares con un hombre si eso fuera posible.

Ni tampoco cambiaría mis experiencias como hija, hermana, esposa, madre, abuela o bisabuela. Aunque debo admitir que en ocasiones no me *simpatizo,* he llegado a disfrutar de *ser* yo. Y lo más importante, es que he llegado a *amarme,* como Dios me ama.

La vida nos presenta un sin fin de diferentes pruebas, luchas, desilusiones, heridas, victorias y bendiciones. He conocido y he luchado con emociones poderosas como respuesta a todo lo anterior. Como la

1

mayoría de la gente, he perdido el tiempo refocilándome en sentimientos, macerándome en considerarme como justa y regodeándome en ira, ensayando discursos en mi mente. He luchado con la autocondenación por no vivir al nivel de las expectativas que me he impuesto. Algunos de mis sentimientos se han desprendido con toda elocuencia de una lengua indómita; y algunos casi han fundido un fusible dentro de mí.

A lo largo de los años, por la gracia y amorosa disciplina del Señor, he aprendido maneras redentoras de manejar esos fuegos internos. He llegado a conocer y a valorar que la sensibilidad particularmente femenina que me permite sentirme emocionalmente destruida o impulsada es la *misma* que me permite experimentar la bendición de elevarme en mis alturas y cantar con cada parte de mi ser. O llevar a otros en mi corazón como llevaría a un niño en mi vientre, con dolores de parto hasta que Cristo sea formado en ellos (Gálatas 4:19).

La diferencia recae en lo que soy capaz de *hacer* con mis sentimientos, y ese es el tema de este libro.

Las limitaciones culturales que se les han impuesto a las mujeres seguirán cambiando porque eso es parte del pecado de la humanidad y del plan redentor de Dios. Algunos de esos cambios solo serán posibles cuando como mujeres tomemos el paso de defender la igualdad de oportunidades y justicia. Pero la habilidad de experimentar y participar libremente en plenitud de vida antes y después de que las barreras y ataduras externas se rompan depende de la condición de tu propio corazón. Si le permites al Señor que ministre las profundidades de tu ser, serás sanada *por dentro* y serás liberada para convertirte en todo lo que puedas ser; en casa, en la iglesia, en tu trabajo y en el mundo.

Conocerás tu identidad y tu valor sin importar las circunstancias en las que vivas o que no hayan cambiado las actitudes o las acciones de las personas con las que te relacionas. Serás libre de tomar decisiones con respecto a situaciones difíciles y relaciones opresivas de acuerdo con el llamado y la dirección del Señor. Ya no estarás cautiva por legalismos o necesidades compulsivas por tener éxito, agradar o pertenecer, o ser la salvadora y redentora de otra persona.

Soy quien soy como regalo de Dios. Algunas veces me desagrada cuando algunos individuos bien intencionados tratan de elevarme y honrarme por medio de neutralizarme. No aspiro a ser una "director"; me honra ser una "director*a*" y lucharé por ser yo en la posición que se me dé con dignidad, autoridad, sentido común, habilidad y sensibilidad hacia los demás, de manera que sea impulsada por mi sexualidad y no obstaculizada por ella.

Me duelo por algunas que luchan con tanta energía y furia por los privilegios y el reconocimiento masculino que inconscientemente destruyen sus propias cualidades femeninas y se privan de la mayor porción de lo que por derecho les corresponde. Por otro lado, lloro todavía más por la mujer que piensa tan poco de sí misma que hace de su gloria un tapete bajo el engaño de una falsa sumisión y que invita a los hombres a limpiarse los pies en ella.

Si la actitud de los demás hacia mí como mujer hace que el desempeño de mi cargo o la expresión de mi identidad o llamado sea más difícil, todavía sé quién soy, y recibo su resistencia como otro ejercicio de perdón. Algunas veces, cuando mi marido y yo salimos a enseñar, la sesión inicial es más difícil para mí que para él. He podido palpar muros de resistencia: "¿Qué me puede decir esa mujer a mí?". Esas barreras se derriten casi a la mitad de nuestras enseñanzas, pero antes de lograr esa victoria tengo que invertir energía para levantarme por encima del bloqueo.

Muchas veces tanto pastores como otros se me han acercado con humildad y gracia y me han pedido perdón por haber traído ese tipo de bloqueó en forma de prejuicio a la reunión. Estas confesiones me han hecho sentirme tentada a fomentar sentimientos de: "¡No es justo! ¿Por qué mi género tiene que ser un problema? ¡Los dos fuimos invitados a venir, pero John tiene la libertad de concentrarse por completo en la

enseñanza porque no tiene que luchar con esta resistencia tan ridícula!".
Por otro lado, una oportunidad así puede llevarme a escoger estar agradecida por una victoria ganada.

Si no estuviera completamente segura de quien soy, a pesar de lo que los demás piensen de mí, esa decisión sería sumamente difícil. Especialmente si nadie se disculpa. Pero mientras yo esté segura, puedo conocer y aceptar a los demás donde están sin una amenaza personal a mi autoestima o necesidad compulsiva por defenderme.

Mi esposo y yo hemos estado casados durante más de cincuenta y seis años, y a John le encanta decirle a la gente que el matrimonio es un ejercicio de perdón de veinticuatro horas de duración. En la actualidad, ambos podemos reírnos de eso. Pero en los primeros años de nuestro matrimonio, la experiencia de conocernos mutuamente a menudo era una mezcla de dolor y éxtasis. Pero hoy puedo testificar que es cierta la verdad práctica de Romanos 5:1-5 (*énfasis añadido*):

> Justificados, pues, por la fe, tenemos paz para con Dios por medio de nuestro Señor Jesucristo; por quien también tenemos entrada por la fe a esta gracia en la cual estamos firmes, y nos gloriamos en la esperanza de la gloria de Dios. Y no sólo esto, sino que también nos gloriamos en las tribulaciones, sabiendo que la tribulación produce paciencia; y la paciencia, prueba; y la prueba, esperanza; y *la esperanza no avergüenza; porque el amor de Dios ha sido derramado en nuestros corazones* por el Espíritu Santo que nos fue dado.

Casada o soltera, ¿cómo puedes apropiarte de la esperanza, la paz, el amor y la gloria en medio de una generación cada vez más pecaminosa? Si has luchado de por vida a causa de vivir con un alcohólico o soportando un comportamiento abusivo dirigido hacia tu persona "nos gloriamos en las tribulaciones" no suena a otra cosa que a una locura masoquista. Y si has deseado desesperadamente amar y llenar de amor a un ser amado que continuamente te hace a un lado "la esperanza no avergüenza" parece una promesa vacía.

Los sentimientos de rechazo continuamente reforzados quizá te hayan sumergido en un sentimiento real de futilidad. Hacer que esas situaciones tengan sentido y aprender a vivir sanamente con tus emociones antes de que veas alguna evidencia de redención en la gente o un cambio de circunstancias es de lo que se trata este libro: de sanidad, lo cual significa algo abismalmente distinto a solo sentirte mejor.

Capítulo 2

LA LIBERACIÓN FEMENINA *en la* BIBLIA

L A CUESTIÓN DE ROLES APROPIADOS Y ACEPTABLES para los hombres y las mujeres tiene siglos de estar llena de confusión, amenazas, heridas, luchas emocionales, ataques y defensas. Dios se está moviendo en su Iglesia para restaurar todas las cosas (Mateo 17:11; Marcos 9:12). En la actualidad, especialmente, necesitamos tener un fuerte fundamento bíblico en el cual podamos estar firmes para avanzar y apropiarnos de la vida y de las buenas obras que Dios preparó de antemano para que anduviéramos en ellas (Efesios 2:10). Esto es especialmente importante a medida que trabajemos en nuestras relaciones básicas. Vayamos de regreso al principio.

EL PLAN PERFECTO DE DIOS

Es ridículo pensar que Dios creó al hombre y que luego se percató de que había olvidado algo y que lo tenía que componer. La mujer no es una *post data* de ninguna manera. Dios sabía *desde el principio* que no era bueno que el hombre estuviera solo.

> Y dijo Jehová Dios: No es bueno que el hombre esté solo; le haré ayuda idónea para él.
>
> GÉNESIS 2:18

Es importante señalar aquí que la palabra para *ayuda idónea* significa "un poder igual al del hombre". Un poder *igual* no necesariamente significa el *mismo* poder. Esta versión de la Biblia utiliza la palabra *ayuda*. Pero hay que comprender que la "ayuda" femenina que Dios le dio al hombre a partir de su costilla (la zona de su corazón) tiene el propósito de ser una compañera, alguien diseñado para *encontrarse* con su marido. No es un apéndice incidental, aunque útil, y ciertamente tampoco es inferior en calidad o valor.

No era bueno que el hombre estuviera solo. Dios creó a la mujer con el propósito ya planeado de que ella y el hombre pudieran complementarse, bendecirse, nutrirse y edificarse mutuamente. El plan de su dualidad era la mejor esperanza y recurso para la plenitud de su madurez, de forma que Él pudiera tener comunión con sus hijos.

> Dijo entonces Adán: Esto es ahora hueso de mis huesos y carne de mi carne; ésta será llamada Varona, porque del varón fue tomada. Por tanto, dejará el hombre a su padre y a su madre, y se unirá a su mujer, y serán una sola carne.
>
> GÉNESIS 2:23-24

El hombre y la mujer fueron diseñados por Dios desde el principio para ser individuos distintos con la libertad de tomar decisiones, y al mismo tiempo los creó para ser vitalmente uno al unirse con el otro.

Varón y hembra *los* creó; y *los* bendijo, y llamó el nombre de *ellos Adán*, el día en que fueron creados.

GÉNESIS 5:2, *ÉNFASIS AÑADIDO*

Cada persona, sin importar si es hombre *o* mujer, fue creada a la imagen de Dios, varón *y* hembra, ambos con atributos masculinos y femeninos. Yo no tengo ningún problema de llamarle "Padre" a Dios y relacionarme con Él de esa forma. Mis experiencias de la niñez con mi padre terrenal desarrollaron en mí actitudes positivas y sentimientos agradables hacia los hombres. Para mí, "Padre" significa una cualidad especial de fuerza, poder, protección, lógica y autoridad. Yo también experimenté ternura y cariño fluyendo del corazón de mi padre.

A causa de ese buen fundamento desarrollado en mí, puedo ver con facilidad esas características fluyendo con perfección del corazón de mi Padre celestial. Lo que hemos experimentado con nuestros padres o la manera en que los hemos juzgado, hasta cierto punto tiñe nuestra imagen de Dios, la gran figura de autoridad. Si yo hubiera sido abandonada o si mi padre hubiera abusado de mí, o hubiera anhelado futilmente que fuera lo que necesitaba que él fuera... o si hubiera aprendido a identificar a mi madre como *la única* que me pudiera comprender y consolar... probablemente estaría entre las filas de los que en la actualidad solicitan que se utilice expresiones neutrales en la Biblia, utilizando pronombres neutros en lugar de los masculinos para la deidad.

El hombre está diseñado para experimentar y actuar básicamente desde el papel masculino de su ser y anhelar que la mujer se encuentre con él. Al hacerse una sola carne ella expresará esa parte de él que él no puede. La mujer está diseñada para experimentar y actuar básicamente desde una base femenina única, aunque tiene cualidades masculinas dentro de sí. Su esposo se debe unir a ella de tal manera que llene y exprese con facilidad esa parte masculina que ella no puede.

Mis padres no eran perfectos, pero me mostraron un equilibrio sano entre un padre gentil, fuerte y *masculino* y una madre tierna, fuerte y *femenina.* Él era la cabeza de la casa, aunque se dejaba influenciar profundamente por ella. Cuando él salía de viaje a hacer alguna venta, ella se manejaba con suma capacidad bajo diferentes variedades de estrés, y él era un ungüento poderoso para calmar sus emociones en el momento en que entraba por la puerta.

Yo lo llamaba *padre,* pero nunca pensé en él como alguien apartado de mi madre. Eran una unidad. Por esa razón no se me dificulta comprender como Dios pudo crear al hombre y a la mujer y llamar*los* Adán. Cuando la Biblia dice: "él", "suyo", sé que también significa "yo" y "mío". Y cuando llamo "Padre" a Dios nunca lo separo de la gentileza y la ternura.

Sanidad para una imagen paterna negativa o fracturada

Si tú fuiste terriblemente herida por tu padre (o por cualquier otra figura de autoridad) y ahora encuentras obstáculos con respecto a Dios el Padre, el principio de la libertad es que decidas perdonar a tu padre terrenal. El perdón no excusa sus transgresiones o su abdicación a la autoridad y al afecto que nutre. Él tendrá que rendir cuentas ante Dios.

Por otro lado, perdonar a otra persona tiene poco que ver con la culpa real de la persona que está siendo perdonada. El supuesto ofensor quizá incluso pueda ser inocente. O puede ser culpable de más cosas de las que la persona ofendida sabe. Decidir perdonar es decir: "Estoy enojada. He albergado resentimiento y amargura en mi corazón contra mi padre (o la persona de que se trate). Reconozco que esto es un veneno dentro de mí que me destruirá, así como a otras personas. Tiñe mi manera de ver las cosas y puede contaminar cada relación que trate de desarrollar. Quiero librarme de esto para poder bendecir a los demás y tener la libertad de confiar en Dios".

Cuando decides, en oración, perdonar, el Señor toma esa decisión y la convierte en algo real. Quizá sea necesario repetir esa decisión una y otra vez. Después de todo, los resentimientos poderosos se desarrollaron por una serie de decisiones como reacción al dolor sufrido durante años. Incluso quizá tengas temor de dejar ir la ira o el resentimiento, porque parecen ser tu única defensa. Sin eso, te sientes vencida por esa persona que quizá podría agredirte de nuevo.

Si ya has tratado una y otra vez en tus propias fuerzas y ahora vienes a la oración consciente de que eres impotente para lograrlo sola, puedes experimentar un milagro de liberación porque tu corazón está listo. El Señor te va a permitir luchar tanto como sea necesario en el proceso de decisión para escribir la necesidad de tus intenciones y otras lecciones indeleblemente en tu corazón. Pero Él será fiel en lograr su meta, porque su voluntad es sanar y liberar.

Cuando el veneno de la falta de perdón finalmente salga de tu corazón, entonces podrás recibir la plenitud y el consuelo de sanidad y confirmación de parte de Dios el Padre. Tendrás ojos para ver y oídos para oír. Y la ternura de su sanidad te llevará a la bendición del arrepentimiento por tus propias reacciones pecaminosas. Cuando has conocido el amor y la misericordia de Dios, ya no tienes temor de reconocer y responsabilizarte por tu propio pecado. Ya no sientes temor de la vulnerabilidad en las relaciones. Dios construirá algo gloriosamente nuevo y hermoso sobre el fundamento del perdón y el arrepentimiento.

LOS HOMBRES Y LAS MUJERES SE COMPLEMENTAN

En cierto sentido, mi esposo es esa otra parte de mí sin la cual no estoy *completa*. Y yo soy esa misma parte de él. "Una sola carne" se refiere a una unión que va más allá de lo físico. Es el encuentro y unión de dos personas en cuerpo, alma y espíritu.

El plan de Dios para nuestra unión *no* es que una mitad, más otra mitad den como resultado *un entero*. La fórmula de nuestra unión es descrita con mayor precisión como uno más uno igual a uno; uno más grande, profundo y rico que ninguno de nosotros podría ser por sí solo; es más como las matemáticas imposibles que dicen que uno por uno es igual a cien.

Es sumamente importante comprender que aunque debemos complementarnos en la relación de una sola carne del matrimonio, los hombres o las mujeres que nunca se casan no por eso ya no están completos. La *plenitud* de cada persona depende del desarrollo de una relación personal con el Señor Jesucristo. Él es nuestra justicia y nuestro equilibrio; nos da identidad y nos capacita para experimentar la unidad.

> Porque todos los que habéis sido bautizados en Cristo, de Cristo estáis revestidos. Ya no hay judío ni griego; no hay esclavo ni libre; no hay varón ni mujer; porque todos vosotros sois uno en Cristo Jesús.

> GÁLATAS 3:27-28

De manera ideal nuestra plenitud colectiva es complementada de una manera bendita cuando todo lo que somos es entregado en la relación matrimonial de una sola carne que Dios ha diseñado. Lamentablemente, desde que el pecado entró en escena al principio de la historia de la humanidad, todos nosotros contribuimos significativamente menos a la unidad que como individuos.

Pero el plan del Señor no está derrotado. Él es capaz de usar nuestras fracturas más profundas y nuestros exteriores más ásperos de manera poderosa y eficaz en su proceso redentor cuando lo invitamos a que lo haga. Hemos sido diseñados de manera bendita para ser abrasivos entre nosotros hasta que el Señor complete su plan: el pulimento de una joya colectiva.

El principio de la batalla

La antigua "guerra de los sexos" comenzó cuando *ambos*, la mujer y el hombre, pecaron y le mintieron a Dios acerca de lo que habían hecho.

Mujer	Hombre
1. Habló con la serpiente	1. Falló en proteger a Eva
2. Le faltó discernimiento, le creyó a la serpiente y comió del fruto prohibido, deseando ser como Dios. (Dios la hubiera hecho madurar y la hubiera enseñado en su sabiduría. Ella tomó su vida en sus propias manos.)	2. Falló en comunicar claramente de qué árboles se podía comer y cuáles no. (Eva todavía no había sido creada cuando se dieron estos mandamientos.)
3. Sedujo a su marido para que comiera como ella.	3. Decidió seguir a su esposa en lugar de los mandamientos de Dios. (Esto es idolatría.)

Si *cualquiera* de los dos hubiera estado comiendo de manera adecuada del árbol de la vida en medio del Huerto de Edén, no hubieran estado tan vulnerables al pecado. No hubieran fallado.

El misericordioso amor de Dios, ### rechazado

Ninguno de los dos se responsabilizó por su transgresión, aunque Dios les dio a ambos la oportunidad de hacerlo. El tercer capítulo de Génesis relata el mayor caso de transferencia de culpa de la historia:

> Y oyeron la voz de Jehová Dios que se paseaba en el huerto, al aire del día; y el hombre y su mujer se escondieron de la

presencia de Jehová Dios entre los árboles del huerto. Mas Jehová Dios llamó al hombre, y le dijo: ¿Dónde estás tú? Y él respondió: Oí tu voz en el huerto, y tuve miedo, porque estaba desnudo; y me escondí.

GÉNESIS 3:8-10

El Señor sabía exactamente donde estaba Adán y por qué. Su pregunta le dio a Adán la oportunidad de confesar, pero en lugar de eso mintió. La pareja culpable siempre había sabido que estaban desnudos (Génesis 2:25). Ahora estaban avergonzados y temerosos porque habían pecado. Habían sido contaminados por Satanás y lo estaban percibiendo todo a través de sus ojos. Por lo tanto ya no podían confiar en la naturaleza de Dios.

Y Dios le dijo: ¿Quién te enseñó que estabas desnudo? ¿Has comido del árbol de que yo te mandé no comieses? Y el hombre respondió: La mujer que me diste por compañera me dio del árbol, y yo comí. Entonces Jehová Dios dijo a la mujer: ¿Qué es lo que has hecho? Y dijo la mujer: La serpiente me engañó, y comí.

GÉNESIS 3:11-13

A causa del pecado del cual ninguno de los dos se arrepintió, Adán y Eva perdieron su relación con Dios y la calidad de vida con la que Dios los había bendecido originalmente. El deseo de Eva siempre había sido para su marido; ahora sería un deseo desordenado. A causa de su confianza fracturada en Dios y su temor no santo de Él, ella buscaría y exigiría de su marido lo que solo Dios puede dar. El dolor de dar a luz hijos sería multiplicado en gran manera (Génesis 3:16). Ya no podría descansar en Dios, y el estrés siempre multiplicaría el dolor.

Adán siempre había señoreado sobre su mujer, pero ahora, a causa del pecado, su señorío sería posesivo, dominante y controlador. Todavía hoy hay muchos hombres religiosos quienes, en su temor, confusión y heridas no sanadas de la niñez, hacen un uso pervertido de la Biblia para excusar y perpetuar la dominación y el control sobre las mujeres. El punto clave en el que los movimientos religiosos se convierten en herejía y en una secta está marcado por legalismo y la subyugación de las mujeres.

Los matrimonios se colapsan cuando los maridos tratan de forzar a sus esposas a ser lo que ellos quieren, en lugar de encontrarse con ellas en donde están y amarlas y cuidarlas para que con toda libertad se conviertan en lo que Dios quiere que ellas sean. Los maridos se decepcionan y se desilusionan de su "creación" porque su esposa deja de ser la ayuda idónea que Dios les dio, y no tienen suficiente discernimiento para ver donde está la falla. Muchas mujeres, dispuestas a agradar a los hombres pero inseguras de su propia identidad y valía, les han permitido e incluso los han invitado a que lo hagan.

La relación del hombre y de la mujer con Dios se había fracturado, y su relación con la tierra ahora se caracterizaba por el esfuerzo y el sudor.

> Porque la creación fue sujetada a vanidad, no por su propia voluntad, sino por causa del que la sujetó en esperanza; porque también la creación misma será libertada de la esclavitud de corrupción, a la libertad gloriosa de los hijos de Dios.
>
> Romanos 8:20-21

Dios sabía que la humanidad ahora estaría sujeta a la maldición de la naturaleza caída, la cual finalmente traería destrucción sobre ellos mismos y la creación. No obstante, el propósito de Dios nunca fue dejarnos así. Su amor por nosotros es tan grande que ha hecho la propiciación por medio de Jesucristo, restaurándonos la gloria que experimentamos al principio.

Pues tengo por cierto que las aflicciones del tiempo presente no son comparables con la gloria venidera que en nosotros ha de manifestarse. Porque el anhelo ardiente de la creación es el aguardar la manifestación de los hijos de Dios. Porque la creación fue sujetada a vanidad, no por su propia voluntad, sino por causa del que la sujetó en esperanza; porque también la creación misma será libertada de la esclavitud de corrupción, a la libertad gloriosa de los hijos de Dios. Porque sabemos que toda la creación gime a una, y a una está con dolores de parto hasta ahora; y no sólo ella, sino que también nosotros mismos, que tenemos las primicias del Espíritu, nosotros también gemimos dentro de nosotros mismos, esperando la adopción, la redención de nuestro cuerpo. Porque en esperanza fuimos salvos; pero la esperanza que se ve, no es esperanza; porque lo que alguno ve, ¿a qué esperarlo? Pero si esperamos lo que no vemos, con paciencia lo aguardamos. Y de igual manera el Espíritu nos ayuda en nuestra debilidad; pues qué hemos de pedir como conviene, no lo sabemos, pero el Espíritu mismo intercede por nosotros con gemidos indecibles. Mas el que escudriña los corazones sabe cuál es la intención del Espíritu, porque conforme a la voluntad de Dios intercede por los santos. Y sabemos que a los que aman a Dios, todas las cosas les ayudan a bien, esto es, a los que conforme a su propósito son llamados.

Romanos 8:18-28

Gracias sean dadas a Dios que abrió el camino para restaurar nuestra relación rota con Él. Jesús *es* el Camino. El pecado nos separó de Dios, pero ahora podemos experimentar comunión completa con Él por medio de su Hijo.

Sin importar lo dolorosa que pueda ser tu situación actual, recuerda que: "a los que aman a Dios, todas las cosas les ayudan a bien". Piénsalo: ¿cuál sería la probabilidad de que hubieras leído este libro si todo te estuviera yendo bien? Creo que es bastante improbable. Pero el hecho de que te dieras cuenta de tu necesidad de la ayuda de Dios es el principio para permitirle hacer que todas las cosas te ayuden a bien.

Que hayas reconocido la necesidad de su ayuda para restaurar tu relación con Él y con tu cónyuge, le permite actuar en tu beneficio. Y cuando las palabras parezcan superfluas, pídele al Espíritu Santo que te guíe.

El propósito y el modelo de Dios en el Antiguo Testamento

En Proverbios 31:11-31, la mujer es valorada y llamada a ser todo lo que pueda ser. Leemos que la esposa excelente vale mucho más que las piedras preciosas. El corazón de su marido está en ella confiado, y no carecerá de ganancias. Le da ella bien y no mal todos los días de su vida.

Ella es trabajadora, saludable, fuerte físicamente, segura de sí misma, ministra a los demás y se viste bien.

Apoya a su marido, a causa de lo cual, él tiene prestigio.

Trabaja en el mundo de los negocios, no tiene temor, es ordenada, es consistente y se conduce con dignidad y clemencia.

Ella no es una extensión de su marido. Ella es recompensada, bendecida por su esposo y sus hijos.

La Escritura dice:

> Se levantan sus hijos y la llaman bienaventurada; y su marido también la alaba [...] Dadle del fruto de sus manos, y alábenla en las puertas sus hechos.
>
> Proverbios 31:28, 31

Rachel D. Levine, al escribir su tesis de doctorado sobre los roles de las mujeres en el judaísmo durante los primeros siglos, escribió que el pasaje de Proverbios 31 durante cientos de años ha sido sostenido como el ideal al cual las mujeres judías deben aspirar:

> ¿Qué es lo que esta mujer hacia y cuáles eran sus responsabilidades? Dentro del hogar, tenía total autoridad para supervisar que se llevaran a cabo todas las tareas domésticas, y además de sus propias labores, supervisaba el trabajo de los sirvientes. Se aseguraba de que todos los miembros del hogar tuvieran a la mano suficiente provisión tanto de comida como de vestido. Lo que no lo podía obtener en la zona lo importaba de otros lugares como fuera necesario. Además, para sostener a sus dependientes, estaba a cargo del pequeño negocio familiar y trataba con los mercaderes locales para venderles los bienes que se producían. Era activa en proyectos de bienes raíces, y supervisaba a los campesinos. Se aseguraba de la supervivencia de la familia durante tiempos difíciles mediante un programa de ahorro y era la educadora principal de sus hijos.
>
> Además de sus empresas domésticas y comerciales, hacía trabajo voluntario. No dejaba de lado sus deberes religiosos, y era conocida por su piedad y por su devoción al Señor. Como resultado, su marido tenía plena libertad de concentrarse en sus tareas sin preocuparse de los asuntos de la casa, confiado en que todo se estaba llevando a cabo apropiadamente sin la necesidad de su supervisión constante.[1]

Qué contraste con la actitud de algunos hombres en la actualidad que erróneamente piensan que la Biblia les da la comisión de decirle a sus esposas qué vestir, cocinar, pensar, decir, y adónde ir, qué hacer y cómo hacerlo.

Cuando un cónyuge domina al otro de esa manera, cancela la otra parte de su propia carne. Mi esposo, John, le dice a la gente que si alguna vez yo cerrara la boca, él perdería la mitad de su sabiduría. Luego se apresura a añadir con una pequeña risa: "¡Pero no creo que haya la posibilidad de que eso ocurra alguna vez!".

En el Nuevo Testamento, la mujer es llamada a ejercer todo su potencial y a brillar.

> Nadie pone en oculto la luz encendida, ni debajo del almud, sino en el candelero, para que los que entran vean la luz.
>
> LUCAS 11:33

En la cultura bíblica, la cabeza es un lugar de honor. Los pies son considerados lo más bajo, la parte menos honrosa del cuerpo. Si la Biblia quisiera que deshonráramos o menospreciáramos a la mujer, o que le diéramos permiso a cualquier persona para caminar sobre ella, hubiera sido llamada "un zapato viejo", y no una "corona".

> La mujer virtuosa es corona de su marido; mas la mala, como carcoma en sus huesos.
>
> PROVERBIOS 12:4

La Biblia establece el ideal, y una buena parte de la Ley fue escrita para proteger de violación a la mujer. No obstante, a causa de la naturaleza pecaminosa, la mujer ha sido oprimida en muchas culturas a lo largo de la historia. Incluso, donde Jesucristo no ha sido hecho el Señor del corazón de los hombres, la subyugación y la persecución de la mujer persiste.

El plan original de Dios para las relaciones hombre-mujer es restaurado en Cristo

Jesucristo vino a devolverle la vista al ciego y a traer buenas noticias a los afligidos, a sanar a los quebrantados de corazón, a proclamar libertad a los cautivos y a los presos apertura de la cárcel, y a liberar a todos los oprimidos (Isaías 61:1-3; Lucas 4:18). Jesús tenía amistad con mujeres, fue ministrado por ellas, las defendió, las honró y las respetó. Estableció un ejemplo a seguir para los demás.

San Pablo ha recibido algunos malos comentarios de muchos que, en su ignorancia de la época bíblica, creen que tenía una opinión sumamente pobre de la mujer. De hecho, siguió a Jesús como uno de los mayores liberadores de todos los tiempos. Cuidó de reconocer con gratitud a las mujeres que habían ayudado de manera importante a la obra de la iglesia: Priscila, Clauida, Febe, María, Trifena, Trifosa, la madre de Rufo, Julia, la hermana de Nereo, Apia y otras. En Filipenses 4:3 escribe: "Asimismo te ruego también a ti, compañero fiel, que ayudes a éstas que combatieron juntamente conmigo en el evangelio, con Clemente también y los demás colaboradores míos, cuyos nombres están en el libro de la vida".

Consideremos de cerca algunos de los pasajes de las cartas de Pablo que a menudo son mal entendidos y sacados de contexto. En Efesios 5, Pablo enseñó que la sumisión mutua debería y aparejada de amor sacrificado y respeto:

> Someteos unos a otros en el temor de Dios. Las casadas estén sujetas a sus propios maridos, como al Señor; porque el marido es cabeza de la mujer, así como Cristo es cabeza de la iglesia, la cual es su cuerpo, y él es su Salvador. Así que, como la iglesia está sujeta a Cristo, así también las casadas lo estén a sus maridos en todo.
>
> Efesios 5:21-24

Observa que "someteos unos a otros" se menciona primero dentro del contexto de la relación matrimonial. ¡Nunca antes alguien le había dicho a un hombre que se sometiera a una mujer, no obstante aquí Pablo claramente dice someteos *unos a otros!* Observa que primero con todo cuidado dice someteos unos a otros antes de proseguir y describir la posición del marido como cabeza de la esposa.

Observa la palabra *como* en el pasaje citado. Pablo esta presentando un modelo claro de liderazgo y sumisión. ¿De *qué manera* es Cristo cabeza de la Iglesia? Por medio de entregar su vida por ella, para que sea salva. Y por medio de invitarla a aceptar ese regalo; nunca por medio de robarle su libre albedrío. Nunca la forza. Nunca la condena. Nunca la excluye. La ama incondicionalmente. La fortalece para que pueda resistir. La protege.

¿*Cómo* se sujeta la Iglesia a Cristo? Por medio de ofrecer voluntariamente todo lo que ella es, con el compromiso de amar incondicionalmente y servir con sensibilidad, fidelidad, honor y respeto.

> Maridos, amad a vuestras mujeres, así como Cristo amó a la iglesia, y se entregó a sí mismo por ella, para santificarla, habiéndola purificado en el lavamiento del agua por la palabra [...] Así también los maridos deben amar a sus mujeres como a sus mismos cuerpos. El que ama a su mujer, a sí mismo se ama. Porque nadie aborreció jamás a su propia carne, sino que la sustenta y la cuida, como también Cristo a la iglesia, porque somos miembros de su cuerpo, de su carne y de sus huesos.
>
> EFESIOS 5:25-26; 28-30

Aquí leemos un claro llamado a *dar,* no a *obtener.* El mandamiento es ministrar al otro por causa del otro, y no exigir de manera egoísta que se cumpla con nuestra causa, y especialmente no un marido exigente y controlador por su supuesta posición superior. Observa el énfasis en la naturaleza de la unidad del esposo y su mujer que es amorosa, nutre y valora.

Al amor no solo es un sentimiento romántico. Es una *decisión* de ministrar y dar afecto incondicionalmente para que el cónyuge crezca en santificación a lo máximo que puede llegar a ser.

Es en los momentos cuando menos merezco el cariño de mi marido que más necesito su amor, y ciertamente su ministración. Más de una vez le he dicho a John: "Estoy enfadada. Estoy hecha un desastre. No quiero ni necesito tu análisis, tu consejo o tus regaños en este momento. ¡Solo quiero que me abraces!". Y cuando pone su asombro a un lado para envolver a su indigna esposa con sus fuertes brazos, soy fortalecida para recibir todas las otras cosas que le gustaría presentarme. Él necesita esa misma consideración de mi parte.

> Por lo demás, cada uno de vosotros ame también a su mujer como a sí mismo; y la mujer respete a su marido.
>
> EFESIOS 5:33

Es difícil para muchas mujeres respetar a su marido porque pueden hacer una larga lista de sus fallas y pecados. Pero el respeto es mucho más que aprobar el desempeño. Soy llamada a respetar la posición de mi esposo; no a ser su madre, herirlo o castrarlo.

Soy llamada a respetarlo como persona, no solo por sus cualidades admirables, sino también como aquel que tiene problemas, sentimientos y sensibilidades que necesitan ser satisfechas de acuerdo con la naturaleza de Cristo en mí. Es para nuestro beneficio que respete el hecho de que su experiencia y método de hacer las cosas a menudo son distintos del mío y que no siempre soy comprensiva ni estoy en lo cierto en mi punto de vista o en mi entendimiento.

Respetar a otro no es lo mismo que estar de acuerdo con él. El respeto no evita la confrontación adecuada. Más bien, el respeto nos llama a disciplinar nuestro corazón y a mantener actitudes que ayuden al otro de toda manera posible; y a disciplinar nuestras acciones y nuestras palabras para que edifiquen y no para que menosprecien o aniquilen al otro.

En Efesios 4:15-32, Pablo enfatizó la importancia de la *colectividad* en la fe cristiana, y dio instrucciones para crecer en ella:

◈ Despojarse del viejo hombre (v. 22)

◈ Renovarnos en el Espíritu de nuestra mente (v. 23)

◈ Vestirnos del nuevo hombre (v. 24)

◈ Desechar la mentira (v. 25)

◈ Airarse sin pecar (v. 26)

◈ No dar lugar al diablo (v. 27)

◈ Que ninguna palabra corrompida salga de nuestra boca (v. 29)

◈ Quitarnos toda amargura, enojo, ira, gritería y maledicencia, y toda malicia (v. 31)

◈ Ser benignos unos con otros, misericordiosos, *perdonándonos unos a otros,* como Dios también nos perdonó en Cristo (v. 32, *énfasis añadido*)

Aclarar los conceptos erróneos acerca de las instrucciones de Pablo

A menudo la gente, especialmente el liderazgo de la Iglesia, cita las instrucciones de Pablo con respecto a que las mujeres no ejerzan autoridad sobre los hombres para probar su punto de que las mujeres no deberían estar en liderazgo sobre los hombres. Pero es momento de enderezar las cosas acerca de ese concepto erróneo.

> La mujer aprenda en silencio, con toda sujeción. Porque no permito a la mujer enseñar, ni ejercer dominio ["usurpar autoridad" en la versión King James de la Biblia en inglés] sobre el hombre, sino estar en silencio.
>
> 1 Timoteo 2:11-12

Hace algunos años, John y yo fuimos invitados a dar unas charlas en una reunión ecuménica en un restaurante en San Luis, Mo. La reunió prosiguió suave y silenciosamente hasta que pasé al micrófono. Un hombre alto, con el rostro enrojecido al instante saltó sobre sus pies y en voz alta desafío mi derecho a hablar. Rápidamente, Paul Haglin (el pastor a cargo de la reunión), junto con mi esposo, se pusieron adelante de mí, y Paul declaró con una autoridad amable, pero firme, que como él me había invitado a hablar, de ninguna manera podía estar usurpando la autoridad.

El hombre se rehusó a escuchar, y fue levantando la voz a medida que vociferaba. John dijo: "Es claro que este hombre no tiene intenciones de escuchar y solo quiere interrumpir. Sáquenlo de aquí". Varios hombres de la iglesia anfitriona lo levantaron y lo sacaron.

Continué enseñando, infinitamente agradecida de haber sido defendida por compañeros en el Evangelio masculinos y fuertes. Me di cuenta de que la experiencia también trajo sanidad a un lugar en las profundidades de mi ser que todavía no se sentía protegido porque mi padre había viajado mucho cuando era niña. Ya había orado al respecto, pero la experiencia confirmó mi oración y fortaleció mi fe en que mi Padre celestial siempre está presente y que está listo para tomar la iniciativa a mi favor.

Más tarde supimos que no era la primera vez que este hombre era sacado a la fuerza de una reunión; él había usurpado la autoridad muchas veces en muchos lugares como la "autoridad" profética autodesignada sobre la Palabra. Finalmente, terminó con mucha "autoridad" en un pabellón psiquiátrico.

La Escritura debe ser leída en el contexto en el que fue escrita.

La 1ª carta de Pablo a Timoteo se escribió en el contexto de la usurpación de la autoridad. Además, Pablo estaba sumamente consciente de que los cristianos ya estaban trastornando al mundo (Hechos 17:6). Tuvo la sabiduría de que se supiera que él no enseñaba ni era ejemplo de extremismos que trastornaran abruptamente y de manera innecesaria el orden establecido en las iglesias. La gente de entonces, como en esta época, no aceptó el cambio con facilidad y gracia.

Como un ejemplo, John y yo servimos en una iglesia en Illinois al principio de nuestro ministerio. Alguien donó un hermoso altar para la iglesia. Nuestra lógica nos decía que el viejo altar había servido bien durante un número inimaginable de años. Aunque llevaba las marcas de mucho uso, podría servir a otro nivel durante mucho tiempo más. Pero el nuevo altar era mucho más apropiado para hacer juego con una iglesia recién decorada.

Con respeto y honor, trasladamos el viejo altar al primer piso donde los jóvenes lo podrían apreciar en la capilla e instalamos el nuevo en el santuario principal. ¡De inmediato el desacuerdo creció a acusaciones e insultos! Se podría pensar que habíamos trasladado a Dios.

Pablo también tenía un propósito práctico cuando dijo que las mujeres callaran. Primera de Corintios 14 establece un orden razonable de participación para hablar en las iglesias, estableciendo claramente a todos los involucrados el momento apropiado para que unos hablen y otros guarden silencio.

> Y los espíritus de los profetas están sujetos a los profetas; pues *Dios no es Dios de confusión, sino de paz.* Como en todas las iglesias de los santos,

> 1 Corintios 14:32-33, *ÉNFASIS AÑADIDO*

El pasaje que sigue debe ser leído en el contexto del resto del capítulo, dentro de la preocupación de Pablo de establecer orden.

> Vuestras mujeres callen en las congregaciones; porque no les es permitido hablar, sino que estén sujetas, como también la ley lo dice. Y si quieren aprender algo, pregunten en casa a sus maridos; porque es indecoroso que una mujer hable en la congregación. *¿Acaso ha salido de vosotros* la palabra de Dios, o *sólo* a vosotros ha llegado? Si alguno se cree profeta, o espiritual, reconozca que lo que os escribo son mandamientos del Señor.

> 1 Corintios 14:34-37, *ÉNFASIS AÑADIDO*

Aquí ciertamente no hay nada de lenguaje sexista:

> Hasta que *todos* lleguemos a la unidad de la fe y del conocimiento del Hijo de Dios, a un varón perfecto, a la medida de la estatura de la plenitud de Cristo.

> Efesios 4:13, *ÉNFASIS AÑADIDO*

Sino que siguiendo la verdad en amor, *crezcamos* en todo en aquel que es la cabeza, esto es, Cristo.

Efesios 4:15, *énfasis añadido*

Para entender lo que está sucediendo aquí, necesitamos despojar a nuestra mente de las imágenes que tenemos de nuestros grupos de hogar en los que todos, hombres y mujeres, se sientan juntos en círculo cómodamente en la sala de estar de alguien. La Escrituras debe ser leídas en el contexto de la cultura oriental. (Esa cultura sigue siendo la misma en muchos aspecto a lo largo del Medio Oriente y del Lejano Oriente). Tradicionalmente, los hombres y las mujeres no se sentaban juntos en el lugar de adoración. Los hombres se reunían en la nave principal mientras que las mujeres se sentaban detrás de una celosía. Cuando la gente se reunía en las casas, incluso para reuniones sociales, los hombres y las mujeres normalmente se separaban.

A finales de la década de 1950 John y yo tuvimos el privilegio de tener de visita una hermosa pareja proveniente de India. Russel y Vickie Chandran visitaron nuestra casa en varias ocasiones. Eran cristianos que estaban estudiando su posgrado en el Seminario Teológico de Chicago, que entonces era parte de la Universidad de Chicago. Él era el presidente de un seminario teológico en Bangalore, y ella era maestra de escuela. Disfrutamos mucho nuestra amistad con ellos.

Cuando se acercaba el momento de volver a su patria, Vickie dijo que tendría que ser sumamente cuidadosa en casa durante un tiempo, porque se había acostumbrado en Estados Unidos a hacer visitas y hablar abiertamente en grupos mixtos. Había sido un deleite para ella y se había vuelto una agradable parte de su vida.

Tenía miedo de que al volver a casa olvidara que este tipo de intercambio no se permite. Quizá podría ofender a alguien y deshonrar a su marido. Estaban atados por su cultura a actuar de una manera en que ninguno de los dos creía que fueran apropiadas. Habíamos sido testigos del profundo amor y respeto que Russel tenía por su esposa. En Cristo, él valoraba su opinión y le daba cabida a que se expresara como ella era.

¿Puedes ponerte en los zapatos de una mujer de la primera iglesia? Durante siglos había existido mucha opresión sobre las mujeres en todas partes en el mundo oriental. A pesar del ideal judío descrito en Proverbios 31, todavía tenían muchas restricciones para la mujer, particularmente en el aspecto de hablar o de participar con los hombres en público y en los aspectos del servicio religioso. Una mujer podía ser repudiada por su marido simplemente a través de poner sus cosas en la puerta, y con ello la deshonraba a ella y a toda su familia.

Esa es la razón principal de las enseñanzas del Nuevo Testamento con respecto al divorcio: proteger a la mujer. ¡Para que no fueran echadas como si fueran un objeto! Jesús había hablado con las mujeres, las había respetado, defendido y honrado. Vino a ofrecerles a todos una nueva calidad de vida, más allá de lo que podían imaginar. Habían visto o escuchado de milagros que los habían dejado perplejos. Hoy estamos tan familiarizados con las enseñanzas de Jesús que damos por sentadas las libertades que el cristianismo nos brindó, así que quizá perdamos de vista la emoción que se disfrutaba en la primera iglesia. ¡Los primeros cristianos estaban en fuego! De hecho, tan encendidos, que estaban dispuestos a arriesgar su vida.

¡Las mujeres cristianas estaban tan emocionadas que apenas y se podían contener! Imagínate estar en una reunión de la primera iglesia en la que se están discutiendo cosas trastornadoras en la nave principal, asuntos de vida que también te conciernen.

Desesperadamente no te quieres perder una sola palabra, pero no puedes escuchar claramente todo lo que se dice porque estás a un lado con el resto de las mujeres detrás de una especie de celosía (solía ser una cortina o un tapiz). No alcanzas a escuchar algo y sin pensar, te encuentras tratando de llamar la atención de tu vecina para saber que fue lo que se dijo. Quizá le susurras a tu marido por detrás de la cortina si está sentado cerca: "Ben, ¿qué dijo?". Y al hacerlo provocas una interrupción.

No es maravilla que Pablo les dijera a las mujeres que si querían aprender algo que les preguntaran en casa a sus maridos (1 Corintios 14:35). Pablo continúa con una reprimenda hacia las mujeres por su falta de orden: "[¿]o sólo a vosotros ha llegado [la Palabra de Dios]?" (v. 36). Su emoción sin disciplina había provocado que de manera egoísta no molestaran a los demás. No hay que perder de vista que esta política es parte de un capítulo que es una petición de orden, autodisciplina y consideración para que todo el cuerpo sea edificado: "Pero hágase todo decentemente y con orden" (1 Corintios 14:40).

De acuerdo con la Escritura, las mujeres no eran excluidas de profetizar.

Las mujeres siempre han tenido un papel importante en las Escrituras, y dos ejemplos en particular me vienen a la mente. Un ejemplo son las cuatro hijas vírgenes de Felipe el evangelista.

> Este tenía cuatro hijas doncellas que profetizaban.
>
> Hechos 21:9

Lo poco que sabemos de las cuatro hijas de Felipe era que hablaban en público y profetizaban, tanto que están registradas en la historia bíblica.

Ana, una profetisa que seguía en el ministerio en su vejez, es otro ejemplo.

> Estaba también allí Ana, profetisa, hija de Fanuel, de la tribu de Aser, de edad muy avanzada, pues había vivido con su marido siete años desde su virginidad, y era viuda hacía ochenta y

cuatro años; y no se apartaba del templo, sirviendo de noche y de día con ayunos y oraciones. Esta, presentándose en la misma hora, daba gracias a Dios, y hablaba del niño a todos los que esperaban la redención en Jerusalén.

LUCAS 2:36-38

"También allí" era el lugar en el que Simeón bendijo a Jesús y a sus padres el día de su circuncisión, sorprendiéndolos con la declaración de que este niño sería "luz para revelación a los gentiles, y gloria de tu pueblo Israel" (Lucas 2:32).

Las mujeres no eran excluidas de enseñar.

Llegó entonces a Efeso un judío llamado Apolos, natural de Alejandría, varón elocuente, poderoso en las Escrituras. Este había sido instruido en el camino del Señor; y siendo de espíritu fervoroso, hablaba y enseñaba diligentemente lo concerniente al Señor, aunque solamente conocía el bautismo de Juan. Y comenzó a hablar con denuedo en la sinagoga; pero cuando le oyeron Priscila y Aquila, le tomaron aparte y le expusieron más exactamente el camino de Dios.

HECHOS 18:24-26

Observemos que la Biblia dice claramente que Priscila le enseñó a un hombre con mayor exactitud algo con respecto a la Palabra. Notemos también que se menciona primero a Priscila. En el protocolo bíblico, esto significa que Priscila era la que estaba a cargo en su equipo ministerial.

La imparcialidad de Pablo hacia el papel de la mujer en el ministerio es confirmado en pasajes subsecuentes. En los que establece la necesidad de la dependencia mutua entre el hombre y la mujer para trabajar en el Reino.

1. Pablo habla de autoridad mutua en las relaciones esposa-esposo.

La mujer no tiene potestad sobre su propio cuerpo, sino el marido; ni tampoco tiene el marido potestad sobre su propio cuerpo, sino la mujer.

1 CORINTIOS 7:4

2. Pablo también habla de santificación mutua.

Porque el marido incrédulo es santificado en la mujer, y la mujer incrédula en el marido; pues de otra manera vuestros hijos serían inmundos, mientras que ahora son santos.

1 CORINTIOS 7:14

3. Y habla acerca de una pertenencia colectiva.

Porque somos miembros de su cuerpo, de su carne y de sus huesos.

EFESIOS 5:30

Por tanto, dejará el hombre a su padre y a su madre, y se unirá a su mujer, y serán una sola carne.

GÉNESIS 2:24; EFESIOS 5:31

Así que ya no sois extranjeros ni advenedizos, *sino conciudadanos de los santos, y miembros de la familia de Dios,* edificados sobre el fundamento de los apóstoles y profetas, siendo la principal piedra del ángulo Jesucristo mismo, en quien *todo* el edificio, bien coordinado, va creciendo para ser un templo santo en el Señor; en quien vosotros también sois *juntamente* edificados para morada de Dios en el Espíritu.

EFESIOS 2:19-22, *ÉNFASIS AÑADIDO*

Este es el plan perfecto de Dios para todos nosotros, que *juntos* podamos convertirnos verdaderamente en la iglesia por medio de la cual la multiforme sabiduría de Dios sea ahora dada a conocer a los principados y potestades en los lugares celestiales (Efesios 3:10).

Para que nosotros participemos en lo que Dios va a hacer, nuestras jerarquías egoístas deben desaparecer, junto con nuestra búsqueda ansiosa de reconocimiento y posición. Nuestras necesidades de controlar nuestra vida y la vida de los demás, así como de defendernos o exaltarnos a expensas de los demás deben morir. Hombres y mujeres, necesitamos encontrar nuestra identidad, valor y propósito primero en el Señor Jesús.

No hay ciudadanos de segunda clase en el Reino de Dios. Eres una conciudadana en su casa. Permítele sanar tus heridas, perdonar tus pecados, desvanecer tus temores, ordenar tus confusiones y revelarte la gloria que eres en Él. Una vez que esa realidad sea establecida en tu corazón, nadie podrá quitártela.

Capítulo 3

APRENDE *a* VIVIR *con* *los* SENTIMIENTOS

Todos tienen sentimientos. Algunas veces son una bendición y otras una aflicción.

Algunos sentimientos son como abrazar una ráfaga de luz, aire fresco que nos levanta a alturas emocionantes y llenas de gozo. Otros son montañas opresivas de pesadez, presionando y aplastando incluso nuestras partes más internas al punto del desaliento hasta que el dolor da lugar al entumecimiento.

Tenemos la capacidad de sentir maravillosamente al punto de explotar; llenas de gratitud, rebosando de amor, con una fuerte expectación semejante a ocho meses y medio de embarazo, ¡abrumadas por un asombro indescriptible! O podemos sentirnos tan derrotadas con enojo y frustración que el menor estímulo es suficiente para hacer volar la tapa de vapor acumulado.

Los sentimientos comunes encuentran una gran variedad de expresiones, que muchas veces son difíciles de comprender.

LAS LÁGRIMAS

Las lágrimas son un desahogo emocional saludable y natural.

Todos nosotros, hombres y mujeres, hemos experimentado cierto grado de heridas, enojo, decepción, dolor y pérdida. Quizá el dolor no sanado se ha multiplicado dentro de ti, y tu capacidad de contenerlo ha sido llevada al punto de quiebre. Te has sentido presionada de manera incómoda desde dentro y estás desorientada. Finalmente, las lágrimas han salido sin control por las grietas de tu armadura de carne. Y has estado avergonzada, temerosa de no poder controlarte, sintiéndote culpable por no parecer "fuerte", o por no reconocer que Dios ha creado una válvula de seguridad en ti y un bendito desahogo sanador por medio de tus lágrimas.

Quizá un ser amado sin darse cuenta te ha ofendido y te ha presionado para "recomponerte". O alguien con un celo equivocado te ha dejado fuera de combate en un agujero emocional con exhortaciones pesadas de "regocijarse" o de "tener fe", cuando tus lágrimas no tenían nada que ver con falta de fe, ni era el momento de regocijarse. Te has sentido malentendida, condenada, enojada y ofendida con la gente en general y contigo misma por tus respuestas. Triste, te has envuelto en las tinieblas a tu alrededor, sin querer salir. Esconderse muchas veces parece ofrecer más consuelo que volver a ser golpeada.

Jesús lloró.

Incluso Jesús, que era Dios hecho carne, mostró que las lágrimas eran parte de la vida diaria. Jesús se "estremeció en espíritu y se conmovió" (Juan 11:33) cuando se identificó con lo que estaban llorando por la muerte de Lázaro, y Él mismo lloró (v. 35). No se precipitó anunciando que iba a resucitar a Lázaro. Ni le reprochó a la gente sus lágrimas. Entró en su duelo y participó con ellos antes de realizar el milagro de la resurrección que había planeado de antemano.

Bendito sea el Dios y Padre de nuestro Señor Jesucristo, Padre de misericordias y Dios de toda consolación, el cual nos consuela en todas nuestras tribulaciones, para que podamos también nosotros consolar a los que están en cualquier tribulación, por medio de la consolación con que nosotros somos consolados por Dios. Porque de la manera que abundan en nosotros las aflicciones de Cristo, así abunda también por el mismo Cristo nuestra consolación.

2 CORINTIOS 1:3-5

Él todavía sufre nuestro dolor y lleva nuestras dolencias (Isaías 53:4) a medida que nos consuela y nos llama a hacer lo que Él hizo.

Deja que las lágrimas fluyan.

Las lágrimas no son un signo de debilidad, Te animo a que dejes fluir las lágrimas cuando tengas algo por qué llorar, y no le creas a nadie que te diga que la aflicción o el dolor son una señal de falta de fe o una obra del diablo. La habilidad de llorar es un regalo de Dios. Cuando recibas ese regalo y le permitas obrar en ti de la manera apropiada, entonces es mucho menos probable que sufras de los efectos secundarios en tu cuerpo y tus emociones a causa de reprimirte como: hipertensión, úlcera, colapso nervioso o depresión. Si estas suprimiendo o tratando de controlar tus emociones para aparentar valentía, entonces, sobre todo, te estás lastimando a ti misma.

La mayoría de las mujeres al parecer son capaces de llorar con mayor facilidad que la mayoría de los hombres. No creo que las lágrimas tengan nada que ver con debilidad. Tiene mucho que ver con lo que nuestra cultura nos permitió de chicos. De niñas, no recibimos los repetidos mensajes que los niños escucharon: "No seas un llorón". "Los afeminados lloran", "¿Cuándo vas a portarte como hombre?".

Las lágrimas suprimidas pueden salir a flote bajo un disfraz torcido, vergonzoso e incluso hiriente.

La mayoría de los hombres tienen emociones sensibles, aunque muchos traten de negarlo. Los hombres necesitan aprender que no solo está bien llorar, sino que es sumamente saludable expresarse con lágrimas.

John está orgulloso de su ascendencia indígena y recuerda vívidamente a su madre diciéndole: "Los muchachos Osage no lloran". Ese mensaje fue reforzado fuertemente con cadenas de estoicismo y discreción heredados de las corrientes inglesas de su familia.

Además de estas influencias estaba la presencia de fuertes murallas de defensa que había levantado para guardarlo de ser vulnerable a la crítica y a ser ridiculizado. Por lo tanto, la frase "no llorar" influenciaba poderosamente su identidad, y estaba tan estructurado de manera integral a su sistema de respuestas automáticas que creaba problemas, especialmente para mí.

John ha sido bendecido con un espíritu extremadamente sensible. Podía fácilmente sintonizarse con el enojo y las heridas de los demás. Pero si sentía la inclinación de llorar por ellos o con ellos su programación interna automáticamente entraba para responder en uno de dos modos: se desentendía o se reía. No me molestaba cuando se reía en una película melodramática. Los extraños que estaban sentados alrededor pensaban que era raro que se riera durante las escenas lagrimosas, pero no importaba ya que la probabilidad de que los viera otra vez era sumamente baja.

No obstante, en cierta ocasión, quedé avergonzada y angustiada cuando John se rió de un hombre que se tropezó de manera aparatosa con la correa de su perro. Es verdad que fue una escena cómica, pero ese hombre se pudo haber lastimado, lo cual también le preocupó a John, y por esa razón sintió la necesidad de ventilar sus emociones a su peculiar estilo. El señor se enojó tanto con la reacción externa de John que de hecho comenzó a caminar hacia él para golpearlo, y lo único que lo detuvo fue una disculpa profusa y sincera de parte de mi marido.

Los problemas reales eran todavía más profundos. Algunas veces yo necesitaba dejar salir mi dolor y frustración por medio de las lágrimas. En esos momentos no estaba buscando consejo o recomendaciones de parte de nadie, especialmente de mi esposo. Todo lo que quería era un hombro cálido y fuerte sobre el cual llorar; alguien que me aceptara y se encontrara conmigo en mi desastre y me amara para equilibrarme de nuevo. Era terrible recibir sus mensajes de "risa" o de "ignorarme".

Le insistía: "John, escúchame, no quiero que seas mi consejero. ¡Solo quiero que me abraces!". "John, ¡no es gracioso!".

Me decía: "No me estoy riendo de ti".

"¿Entonces por qué tu cara tiene esa expresión?".

En ese momento (resumí un poco la conversación) los inicios de un enojo potencial comenzaban a surgir dentro de mí, y con eso le daba la excusa perfecta para que no se me acercara. Durante muchos años me cociné en el calor de enojos periódicos, y él se enfriaba en el aislamiento de su cueva, hasta que juntos descubrimos raíces dentro de ambos que producían la dinámica y comenzamos a aprender a confrontar y a vencer al "enemigo" en un esfuerzo conjunto.

Algunas veces lloramos las lágrimas que otros no pueden.

Otro problema que surge del síndrome "no llores" es que a veces una persona llora a través de las lágrimas de otra. En otras palabras, las emociones de una persona están tan embotelladas que la única forma en que experimente el desahogo de sus emociones es hacer (o ver) llorar a otra.

Al principio de nuestro matrimonio John llevaba la carga de las emociones de la gente cuando ministraba de tal forma que no podía deshacerse de ellas suficientemente rápido. Sin darse cuenta de lo que estaba haciendo, venía a casa y me molestaba hasta que me hacía llorar. Estaba tan interconstruido en John que un verdadero hombre no debía golpear bajo ninguna circunstancia a una mujer que nunca siquiera llegó cerca de maltratarme. Ni tampoco me ha levantado la voz excepto en un par de ocasiones. Más bien, en nuestros primeros años juntos, era un experto en "enfriamiento de hogares" o en "crítica suave".

Las esposa viven en el tipo de relación de una sola carne en la que, queramos o no , realmente llevamos las cargas de nuestros esposos (Gálatas 6:2).

> Gozaos con los que se gozan; llorad con los que lloran.
>
> ROMANOS 12:15

Por otro lado, los esposo pueden experimentar un deahogo emocional a través de sus esposas. Cuando mis lágrimas fluían, John se sentía aliviado. Luego tenía que luchar con la culpa de sentirse bien cuando yo me sentía tan mal. Cuando finalmente experimentó suficiente sanidad y fuerza para llorar por sí mismo, fue maravilloso experimentar el tranquilo río de paz que nos llevaba a ambos.

Algunas veces el deseo de un cónyuge de proteger puede hacer más mal que bien.

Muchas veces el esposo no comparte sus problemas porque cree que esta protegiendo a su esposa. La realidad de esa "protección" es que solo la aflige. No se da cuenta de que su esposa va a sentir la pesadez o el enojo que emana de dentro de él y va a llevar sus cargas no identificadas con mayor estrés. Quizá lleve sus cargas de tal manera que a veces llore con frecuencia o se entristezca y llore con tanta facilidad y sin explicación que él piense que se casó con una persona inmadura o inestable emocionalmente.

Muchas esposas han llevado estos pesos durante tanto tiempo que han afectado seriamente su salud. Quizá tu marido no pueda compartir contigo los detalles de un problema con el que está lidiando para guardar su compromiso de confidencialidad en su trabajo o para no poner en riesgo tu seguridad. Pero si aprende a reconocer la presencia de un problema en general y te invita a orar con él para pedir sabiduría, confianza, protección y refresco, te va a bendecir y va a hacer más ligera la carga que llevas por él.

La falta de capacidad o para tratar apropiadamente con nuestras emociones o rehusarse a hacerlo puede dar como resultado violencia contra los que amamos.

A lo largo de los años hemos aconsejado en numerosos casos de mujeres golpeadas en los que los esposo se horrorizan de lo que le hicieron a la mujer que tanto amaban. "No sé qué me pasó", es la respuesta que escuchamos con mayor frecuencia.

En cada caso exploramos su relación con su madre y otras figuras femeninas importantes en su niñez para determinar las heridas, los enojos y las frustraciones suprimidas por años que esté proyectando inconscientemente en la actualidad contra su esposa. Muchas veces este era un factor importante. Había sufrido cierto tipo de maltrato mental, emocional o físico de niño. Las reacciones abiertas solo produjeron más maltrato, así que desarrolló maneras habituales de evitar el conflicto suprimiendo sus sentimientos hasta quedar escondidos incluso de sí mismo.

Algunas veces no encontramos un historial de maltrato, sino más bien una familia en la que nunca se hablaba de los asuntos emocionales y que por lo tanto nunca se resolvían. De niño, uno de nuestros aconsejados había absorbido una gran cantidad de energías no identificadas y sin expresar. No podía distinguir sus propios sentimientos de lo que los demás sentían en lo profundo de su ser; ni siquiera sabía que era posible identificarse con lo que otros sienten de manera involuntaria. Pero esas emociones enterradas se habían acumulado en su corazón hasta que se convirtió en un campo minado esperando que alguien se parara en él.

Años más tarde se desarrolló un conflicto en el trabajo. Como parecía insignificante en ese momento, y como nunca había desarrollado las habilidades para reconocer, identificar y disciplinar sus propios sentimientos, de manera automática los ignoró o los suprimió. No sabía que ya estaba hasta el tope de material inflamable. Luego vino a casa con su esposa quien se "paró" sobre él con un recordatorio inocente de sacar la basura y *¡POW!* La mina finalmente explotó.

Algunas veces un esposo golpeador es solo una persona que se ha tragado la mentira de que un hombre *fuerte debe* resolver sus propios problemas. Ha luchado por hacerlo durante tanto tiempo que finalmente la carga es tan sobrecogedoramente pesada que lo vence. La deja caer por el temor de que lo aplaste y explota, enfocando ciegamente su desesperación en su esposa, sis hijos, el perro o cualquier otra persona u objeto a la mano.

Si usted ha sido víctima de una conducta abusiva, por favor considere lo siguiente:

1. *Tú no hiciste nada para provocar que tu esposo te golpeara.* Quizá sea cierto que hayas dado por sentado que los hombres van a actuar de esa manera por haber crecido en un hogar donde se dio una situación de maltrato. Quizá todavía tengas pendiente perdonar a algunas personas. Tus expectativas y tu conducta quizá necesiten un cambio radical. Pero tu marido debe hacerse responsable *por completo* de sus propias acciones y reacciones pecaminosas. Él tomó decisiones consciente o inconscientemente de las cuales debe rendir cuentas. Tú has sido llamada solo a tratar con *tu* pecado.

2. *No puedes salvar o cambiar a tu marido.* Esa no es tu responsabilidad. Solo Jesús mismo es lo suficientemente poderoso para transformar vidas. La bondad de tu amor

quizá lo amenace porque lo hace sentir vulnerable y la vulnerabilidad es atemorizante. La sola dulzura de su amor, entre más derrita su corazón, puede forzarlo a aislarse o a hacer algo cruel para hacer que retrocedas. El poder y la sabiduría de Jesús puede finalmente darle la fuerza espiritual para admitir su necesidad y buscar ayuda.

Ora para que los ojos de su corazón sean iluminados (Efesios 1:18) y que sea fortalecido en su espíritu (Efesios 3:16), y sigue amándolo lo mejor que puedas. Pero no te engañes pensando en que si solo lo amas lo suficiente todo va a estar bien. Él necesita el amor de Jesús, necesita un consejero que pueda ayudarlo objetivamente a llegar a la raíz de su comportamiento. Tú eres la menos preparada para ser objetiva porque estas involucrada emocionalmente con él.

3. *No has sido llamada por nadie, ni siquiera por Dios, para ofrecerte como saco de entrenamiento.* No escuches a las voces "religiosas" que te dicen que debes recibir todo lo que venga con el fin de ser una esposa sumisa. Esa es una interpretación de la Escritura totalmente torcida. (Consulta el capítulo dos: "La liberación femenina en la Biblia").

Tú eres una hija de Dios, Su tesoro, y tú lo honras al estimarte en Él lo suficiente como para decirle a tu marido: "Tu conducta no es aceptable, y no la voy a permitir porque valoro mi vida y porque te amo demasiado para permitirte continuar con este patrón. *No te voy a facilitar* que siembres más semillas negativas que con el tiempo vas a cosechar. ¡O buscas ayuda o te vas!". Muchas veces una separación legal temporal ha brindado el incentivo que necesita un esposo decidioso para buscar la ayuda que necesita, y su matrimonio ha sido restaurado a un estado saludable.

4. *Asegúrate de que tu marido vaya con el consejero de* tu *elección.* Muchas veces si se les deja esta decisión a los hombres buscan consejeros a los que pueden engañar, lo cual no produce una restauración permanente.

5. *Busca ayuda tú misma, de preferencia de un consejero cristiano competente, y participa en un grupo de apoyo.* Tienes una vida que vivir, sea que tu marido responda o no. Necesitas tratar con lo que esté en tu corazón y que esté atrayendo más maltrato hacia ti.

6. *No confundas las lágrimas con arrepentimiento.* Busca "frutos dignos de arrepentimiento" en su vida (Mateo 3:8; Hechos 26:20). Permítele al consejero que te diga cuando la sanidad haya avanzado lo suficiente para poder estar juntos nuevamente sin que se vuelva a presentar esta situación. Si no, el patrón se repetirá.

Aprende a navegar por el río de lágrimas.

Te advierto que cuando les permites a las lágrimas que cumplan con su efecto inicial limpiador de desahogo de la tensión, es importante centrar tu atención en las preocupaciones de los demás; de otra forma levantarás muros que retendrán la autocompasión y te ahogarás en el agua salada acumulada.

Incluso antes de que le pidiera de manera específica a Jesús que crucificara mis hábitos de autolástima, de hacer discursos en mi mente y de refocilarme en los sentimientos negativos, sabía que tenía que enfocar mis crecientes energías de herida y enojo de una manera tan positiva y agresiva como me fuera posible, o mis propias llamas me consumirían. Sabía que mi discernimiento estaría torcido.

Un pequeño incidente podría ser amplificado con el fin de representar falsamente el total de nuestra relación matrimonial y atraparme en una mentira que se convertiría en una prisión. O podría expresarse como una navaja por medio de mis críticas. Una mañana atlética de limpieza de la casa o de trabajo en el jardín, un paseo vigoroso en bicicleta o una caminata con los niños, muchas veces era mi solución eficaz para liberar la tensión. Un pincel en mi mano era un instrumento de terapia así como de creatividad. La pintura se quedaba donde yo la pusiera y me miraba de vuelta como algo hermoso y consolador.

Encontrar salidas positivas para estas energías pocas veces era suficiente. Descubrí que si no disciplinaba mis pensamientos, podía elaborar discursos brillantes y cada vez más airados al ritmo de la aspiradora. Cuando traté de disciplinar mis pensamientos en mis propias fuerzas, me cansé y perdí la batalla. Así que aprendí a hacer pequeñas oraciones directas en el momento que reconocía un sentimiento negativo levantándose dentro de mí. La siguiente es un ejemplo de una de esas oraciones:

> *Señor, estoy enojada. Siento ganas de golpearlo. Siento que yo tengo la razón y que él no. La tenga o no soy responsable de mis emociones y de lo que haga con ellas. No sé cómo cambiar mis sentimientos. Pero decido no darles lugar ni alimentarlos, porque si lo hago van a volver mayores y más fuertes. Te los entrego. Encárgate de ellos y de mí. Dame tu mente, tu corazón, tus sentimientos, tu respuesta.*
>
> *P.S. Bendícelo*

Luego seguía con mis asuntos, y Dios era fiel en hacer su parte. En alguna parte del proceso, aprendí a hacerme responsable por *mí* pecado y a *no* tomar de manera personal *cualquier* palabra o acción hiriente que se me presentara.

QUE NADA TE ATERRORICE

Hay muchos pasajes en la Biblia que te llaman a vivir en una manera que parece extremadamente difícil y muchas veces casi imposible en medio de una generación impía. El colmo parece ser 1 Pedro 3, que alienta a las mujeres casadas a vivir relaciones respetuosas con su marido:

> Asimismo vosotras, mujeres, estad sujetas a vuestros maridos;
> para que también los que no creen a la palabra, sean ganados
> sin palabra por la conducta de sus esposas, considerando
> vuestra conducta casta y respetuosa. Vuestro atavío no sea
> el externo de peinados ostentosos, de adornos de oro o
> de vestidos lujosos, sino el interno, el del corazón, en el
> incorruptible ornato de un espíritu afable y apacible, que
> es de grande estima delante de Dios. Porque así también
> se ataviaban en otro tiempo aquellas santas mujeres que
> esperaban en Dios, estando sujetas a sus maridos; como Sara
> obedecía a Abraham, llamándole señor; de la cual vosotras
> habéis venido a ser hijas, *si hacéis el bien, sin temer ninguna
> amenaza.*
>
> 1 Pedro 3:1-6, *ÉNFASIS AÑADIDO*

La versión en inglés de la Amplified Bible traduce la última porción de ese pasaje de la siguiente manera: "[si hacen el bien] sin permitir que nada las aterrorice [sin dar lugar a temores histéricos o sin permitir que las ansiedades las angustien]". ¿Qué ansiedades pueden angustiar a una mujer? ¿Qué la puede aterrorizar? Pedro no se está refiriendo a una categoría específica de esposas maltratadas y golpeadas. Está hablándoles a las mujeres casadas en general.

CUANDO TU PAREJA TIENE UN CORAZÓN DURO

Génesis 3:16 nos dice que el deseo de la mujer iría a ser para su marido. Esto no se refiere solo a la necesidad sexual o al deseo de seguridad, de protección y de prestigio. Lo más importante es su deseo apasionado de que él desarrolle todo su potencial. Ella es carne de su carne y hueso de sus huesos (Génesis 2:23), coheredera de la gracia de la vida (del favor inmerecido de Dios: 1 Pedro 3:2). Ella es *la* que Dios proveyó para ministrar y proteger su corazón (Proverbios 31:11). Él es *el* que Dios proveyó para ser la principal fuente de alimento y protección.

Si tu esposo fue herido de tal manera en su infancia que ha levantado murallas protectoras reforzadas y mecanismos egoístas de defensa para defenderse; si ha desarrollado un corazón de piedra para evitar el dolor, entonces te dejará afuera (Ezequiel 11:19; 36:26). Entonces tú te sientes rechazada e indefensa. Lo más importante es que no se te permite hacer lo que instintivamente sabes que has sido diseñada y llamada a hacer, lo cual es ser un consuelo para él.

Un muro es un muro, y evita que entre tanto lo bueno como lo malo. Cada vez que tratas de acercarte a tu esposo y golpeas las duras paredes de su corazón, más rechazada y desesperada te sientes... te vuelves más frustrada, ansiosa e incluso frenética. A medida que fallas en tu intento por penetrar, incluso cuestionas tu propia valía. La soledad en la que vives a menudo se siente más viva en su presencia que lejos de él.

Si tu marido con corazón de piedra se llega a comunicar contigo, suele ser para hablar de asuntos superficiales o perimetrales. O, como las tortugas, sale periódicamente a probar la atmósfera y rápidamente se retrae en su caparazón. Diligentemente evita la vulnerabilidad. Aunque en la superficie parezca ser amable y generoso, no es capaz de recibir más que pequeños pedacitos de los demás.

Como su esposa, quizá vivas en una soledad agotadora; incluso quizá batalles con los celos cuando ves a tu marido relacionarse con facilidad y consideración con personas secundarias mientras que sigues haciendo fila en su puerta. Lo trágico es que puede estar totalmente inconsciente del hecho de que te está haciendo a un lado y estar sordo al verdadero significado de tus ruegos cuando te contesta "déjame en paz" o se relaja en el silencio de tu depresión.

No estoy hablando acerca del hombre que ha perdido la habilidad de expresar sus propias emociones, ni del que piensa que está protegiendo a su esposa por medio de no hablar de sus problemas. Estoy describiendo una condición de cautividad en el temor y de compulsión por el control mucho más seria.

Una persona con el corazón endurecido puede racionalizar su propio comportamiento y rechazar por completo la responsabilidad de haber provocado una respuesta negativa de parte de los demás. Entre más se endurece su corazón, más pierde la consciencia del efecto que produce en los que tiene cerca de él. Percibe sus intentos por acercarse a él como una forma de crítica o de ataque.

Al principio de su vida, John vivió bajo una crítica constante. Aprendió que para encontrar tranquilidad tenía varias alternativas: podía desaparecer de casa y correr al granero o a los campos para disfrutar de la compañía nada amenazante de su perro, Joy, y de su vaca, Spring. Ellos nunca le respondían, y él podía encontrar un fácil descanso y solaz en su adorable compañía. También se podía esconder en la soledad del ático y perderse en un libro, o sumergirse en la música.

Muchas veces no era posible desaparecer, así que desarrolló una habilidad eficaz para descartar la voz criticona de su madre, incluso en su presencia. Esta habilidad, practicada durante un largo periodo, hacía que fuera fácil para él huir a un aislamiento agradable sin siquiera tener que pensar en ello.

Durante los primeros años de nuestro matrimonio, si el ambiente comenzaba a llenarse de frases desafiantes como: "¿Por qué...?",

"¿Dónde...?", "Ven...", "¿Ya... ?", "¿Podrías... ?", "¿Estás escuchando... ?" (con o sin un tono de crítica), muy pronto se "iba".

Pocas veces llevaba a cabo esa dinámica de manera deliberada. Sucedía porque había sido desarrollada durante sus años de formación y automáticamente la proyectaba sobre la persona más importante en el presente: yo. Por supuesto, los aspectos de mi propia naturaleza pecaminosa con los que todavía no había tratado contribuían de manera importante con los patrones de evasión de John.

Los hábitos practicados durante muchos años con el tiempo se vuelven automáticos y compulsivos. Lo que comienza como un mecanismo de soporte y una defensa para la supervivencia emocional puede, y normalmente así lo hace, convertirse en una prisión. Jesucristo vino a liberar a los presos. Aprender a recibir la libertad, apropiarse de ella y vivir en ella es un proceso.

Durante muchos años John y yo enseñamos lo que habíamos aprendido acerca del corazón de piedra. John una y otra vez perdonó a las personas a las que necesitaba perdonar, pedía perdón por su propio corazón de piedra y pidió incontables veces que fuera derretido.

El Señor también transformó muchos aspectos de mi vida. No obstante, nos dimos cuenta de que todavía existía un patrón destructivo operando en nosotros. Muchas veces, cuando todo iba inusualmente bien entre nosotros John se las arreglaba para hacer algo a veces cruel y malicioso. Yo reaccionaba ofendida con enojo y lágrimas. "¿Qué hice? ¡Pensé que todo iba bien!". No era lógico para ninguno de los dos.

Entonces el Señor reveló que había niveles más profundos de temor a la vulnerabilidad en John de los que habíamos considerado. Podía manejar cualquier cosa que él percibiera como un ataque. Había desarrollado una fuerte defensa y un lugar de refugio contra los ataques potenciales. Pero cuando la bondad, la ternura y la dulzura comenzaban a derretir el centro de su corazón, se sentía fuera de control. Entonces, si yo respondía defensivamente, con enojo o acusaciones, él se sentía justificado para retraerse.

Hablamos del problema y oramos juntos. Oramos que toda necesidad de control que existiera en cualquiera de nosotros fuera destruida. Yo me disciplé para aprender cómo detener mejor mis pensamientos de ansiedad y tomar autoridad sobre mis sentimientos por medio de hablar con Dios acerca de ellos y orar de manera instantánea para que mis reacciones negativas fueran crucificadas. También aprendí a resistir mi tendencia a lamer mis heridas, y en lugar de eso ocupaba esa energía para orar por John para que fuera bendecido con fuerza de espíritu para mantener su corazón abierto. John aprendió cómo mantener sus temores a raya, así como sus crecientes impulsos de huir y cómo tomar autoridad sobre sus sentimientos y orar: "Señor, mantenme verdaderamente vulnerable".

La sanidad, la transformación y el derretimiento de un corazón de piedra son parte de un proceso. John pensó que esta obra en él ya había sido completada cuando una noche en nuestro grupo familiar pidió que oraran por él. Tenía algunas necesidades, y también estaba dando un ejemplo de vulnerabilidad a los demás. Momentos después, el grupo se detuvo para confrontar a John en amor: "John, ¿por qué cada vez que nos pides que oremos por ti, rápidamente nos volteas la tortilla y nos empiezas a enseñar cómo y cuánto ministrarte?".

El antiguo asunto del temor y la necesidad de control fue abordado otra vez en un nuevo nivel cuando perdonó a su madre, *de nuevo*, y recibió perdón por sus juicios y el mecanismo de supervivencia resultante. El grupo oró *una vez más* para que esos viejos hábitos murieran. John los consideró muertos y como consecuencia produjo bastante fruto que así lo indicaba.

Pero luego, años más tarde, el mismo problema comenzó a aparecer en disfraces diferentes. Por ejemplo, cuando John y yo hablábamos por teléfono con nuestros hijos ya adultos, las conversaciones eran agradables e incluso deleitosas, pero después de un tiempo John comenzaba a sentirse desesperado y se disculpaba porque tenía algo "importante" que hacer y ya no podía seguir hablando por teléfono.

Después de unos minutos yo oía que Johnny salía del baño y que encendía la televisión. Yo trataba de mantener a raya mi creciente irritación y compensaba su ausencia hablando con mayor entusiasmo con mis hijos. Luego, más tarde, lo confrontaba preguntándole "¿por qué?". Él inventaba algunas excusas que luego el Señor le hizo saber que eran "demasiado nobles" y de nuevo tuvo que enfrentar la verdad. Las conversaciones amorosas estaban derritiendo niveles más profundos de su corazón de piedra. Una vez más estaba huyendo de la vulnerabilidad.

Por este tiempo, ya había experimentado suficiente sanidad y había recibido suficiente fortaleza de espíritu para aceptar la responsabilidad total de sus decisiones inconscientes y reconocer la raíz de la estructura pecaminosa y muerta dentro de su ser. ¿Ya terminó? Terminó cuando Cristo murió en la cruz por sus pecados.

¿Ya terminó John de apropiarse de lo que Cristo ha logrado para él? No lo sé. Pero puedo declarar con gratitud y sinceridad que nuestra relación es rica, creciente, plena, a veces emocionante y en general pacífica. Estamos *juntos* y en reposo porque estamos unidos en el poder del Señor contra un enemigo en común, nuestra propia carne (y el diablo que trata de vez en cuando de expandir los aspectos de pecado a los que todavía tratamos de asirnos). Ya no nos peleamos, y el Señor ha transformado nuestras luchas pasadas para volverlas parte de nuestra compasión, sabiduría y gratitud mutuas.

Cuando pierdes la confianza o el respeto por tu pareja

Compartir tu vida con un hombre sin fundamentos morales, sin un sentido real de la integridad y de la verdad, sin estabilidad y sin una fidelidad en la que puedas descansar es mucho más doloroso que estar casada con un hombre que tiene un corazón de piedra.

Sin importar lo agudo del dolor entre John y yo durante el tiempo en que estábamos resolviendo nuestros problemas, nunca dudamos de la fidelidad, la lealtad y la moralidad del otro. Ni cuestionamos las *intenciones* del otro al ser honesto y considerado. Todavía podía respetar a mi marido como un hombre conforme al corazón de Dios, incluso cuando estaba en su segunda época cuando no me escuchaba o prestaba atención tanto como *yo* pensaba que debería, y cuando parecía ser controlador y criticón. Incluso durante esos momentos en los que no me sentía amada y estaba agresivamente enojada y a la defensiva, todavía lo respetaba. Nunca quería realmente destruirlo, y yo me sentía aliviada cuando no me lo permitía.

Muchas mujeres están casadas en la actualidad con hombres que nunca han madurado emocionalmente y que es posible que nunca lo hagan. Estos hombres provienen de familias disfuncionales donde la confianza básica nunca se estableció de manera limpia, íntegra, con toques de afecto y disciplina amorosa y consistente. Son productos estrellados de familias descarriadas, una generación herida que tiende a buscar consuelo en el abuso de sustancias y en la acumulación de riqueza material.

Muchas personas hoy luchan con la pérdida del sentido absoluto de las leyes eternas de Dios. Lo que se siente bien, debe estar bien, y solo los "mojigatos" hablan acerca de lo que está bien y de lo que está mal. La generación actual ha sido bien indoctrinada con las exigencias por sus derechos en lugar de ser enseñada acerca de sus deberes y responsabilidades. Sumamente pocos conocen el significado de entregar sus propias vidas por causa de bendecir a otros.

La mujer de hoy está más en contacto con quién es ella que el hombre actual. Nuestra cultura ha hecho más por destruir el papel del hombre que el de la mujer, aunque, la identidad femenina también está bajo amenaza de demolición. Sumamente pocos hombres han crecido trabajando al lado de su padre, como los jóvenes solían hacerlo en las generaciones anteriores. Con el estilo de vida acelerado de hoy, los padres que dedican tiempo de calidad, afecto y disciplina apropiada y consistente a sus hijos son extremadamente escasos en estos días.

La mayoría de los hijos no ha tenido modelos fuertes e íntegros con los cuales poder identificarse. Sin duda, las madres son importantes, y la identificación del niño con ella comienza desde antes de nacer. Pero si el padre no está presente en una manera que comunique seguridad y pertenencia, el niño no puede alejarse de la familiaridad de su madre para abrazar un mundo lejos de ella.

Un niño, en especial, necesita desarrollar una relación segura e identificarse con su padre cuando comienza a notar las diferencias físicas entre su madre y su padre y empieza a separarse de ella en virtud de su singularidad. Si la relación padre e hijo no está bien establecida (o si no tiene una relación con otra figura masculina principal), entonces es difícil identificarse con lo masculino, y el sentido de quién es él se vuelve confuso. Las mujeres no tienen que hacer ese tipo de transición. Desde su concepción en adelante, permanecen identificadas con su feminidad (a menos que algún trauma incurra en su vida y provoque que rechacen su identidad con su madre).

Aunque muchos jóvenes de hoy han carecido de fuertes modelos paternos, tienen oportunidades abundantes de alimentarse del modelo de "héroe" de la televisión que brinca a la cama con cualquier mujer con la que sale de manera casual. Estos jóvenes han crecido con la exaltación de la figura del macho que nunca expresa una emoción real por nada.

La mayoría de los jóvenes han presenciado asesinatos y violaciones hasta el punto de perder la sensibilidad hacia el horror que representan. La pornografía se presenta como "material para adultos", los condones garantizan sexo "seguro" y llegar a la mayoría de edad supone la "madurez" suficiente para salir a emborracharse. Para los niños de primaria que tienen prisa por "crecer", todas estas cosas, más algunas drogas, están disponibles sin importar su edad.

¿Quién les va a decir a nuestros jóvenes la verdad acerca de lo que es ser un *verdadero* hombre? ¿Quién va a ser un modelo de hombría piadosa de modo que puedan conocer qué es ser un esposo y un padre? ¿Quién les dará fuerza de espíritu para resistir contra las fuerzas destructivas de nuestra cultura? ¿Quién va a despertar su conciencia? ¿Quién les enseñará lo qué es el verdadero amor y cómo reconocerlo? La Iglesia está comenzando a despertar a medida que el Espíritu Santo la llama a llevar a cabo la tarea.

NEGOCIOS RIESGOSOS

Es atemorizante pensar en una mujer que entrega su vida, para volverse una sola carne con un hombre que es famoso por ser mujeriego y que todavía tiene la tentación de seguirlo siendo sin remordimientos o molestias en su conciencia. Vive con el temor de que en algún momento salga positiva su prueba de VIH. Se siente contaminada continuamente. ¿Qué puede hacer?

Por otro lado, ¿cómo puede respetar a su marido si sabe que no está siendo honesto en sus negocios, que está desperdiciando sus recursos y que no paga sus cuentas? ¿Cómo puede incluso hablar con él de esas cosas cuando tiene temor de su reacción?

La pregunta entonces es: ¿qué puede hacer una mujer en ese caso? Vamos a ver la relación entre Sara y Abraham y cómo interactuaba Sara con su marido.

Abraham no siempre era el patriarca sabio, maduro y lleno de fe que siempre somos llevadas a pensar. Al principio de su viaje de fe, Abraham era inmaduro, tonto y desconsiderado con su esposa, Sara. No mintió una, sino dos veces, declarando que Sara era su hermana, poniendo en riesgo no solo su relación, sino la vida misma de su esposa.

Cuando hubo hambre en la región, él y Sara viajaron a Egipto donde le pidió a Sara que mintiera acerca de su verdadera identidad, y que le dijera a los egipcios y a faraón que era su hermana. (Ver Génesis 12:10-20.) Más tarde en Génesis 20, Abraham volvió a mentir (por temor a que lo mataran), esta vez al rey Abimelec, diciendo que Sara era su hermana, y el rey se la llevó a su casa. La cobardía de Abraham puso a su esposa en una posición comprometedora donde podría haber sido forzada a cometer adulterio.

En ese punto de su vida Abraham ciertamente no era un esposo que se arriesgara a proteger a su esposa, y aun así Sara lo obedeció. Dios mismo protegió a Sara del faraón y de Abimelec. Irónicamente, el hijo de Abraham, Isaac, repite el mismo escenario con su esposa, Rebeca, y Abimelec en Génesis 26.

¿Qué habría causado que Sara decidiera ponerse en una posición tan comprometedora? Fue su confianza en Dios y su relación con Él que hicieron que estuviera dispuesta a obedecer los deseos de su marido, incluso cuando la pusieran en riesgo. Miren las palabras de Pedro: "Como Sara obedecía a Abraham, llamándole señor; de la cual vosotras habéis venido a ser hijas, si hacéis el bien, sin temer ninguna amenaza" (1 Pedro 3:6). En otras palabras, las mujeres como Sara pueden atreverse a someterse al cuidado de un esposo inmaduro, egoísta, y nada digno de confianza solo si han desarrollado una relación suficientemente fuerte con Dios.

Demasiadas mujeres esperan más de lo debido de sus esposos y dependen pesadamente de ellos, pidiéndoles lo que solo *Dios* puede hacer. "Mejor es confiar en Jehová que confiar en el hombre. Mejor es confiar en Jehová que confiar en príncipes" (Salmos 118:8-9). "No confiéis en los príncipes, ni en hijo de hombre, porque no hay en él salvación" (Salmos 146:3).

Cada hombre (y mujer) es un brazo de carne, y un brazo de carne te va a fallar de vez en cuando. Solo Dios mismo puede ser depositario de tu confianza en que siempre se relacionará de manera perfecta contigo. Solo Dios es capaz de poner en orden los errores de un esposo, reprenderlo de manera apropiada y redimir los efectos del pecado.

No hay garantía de que tu marido vaya a cambiar, incluso si tu conducta refleja la justicia de Dios y tengas toda la fe del mundo. Dios nunca fuerza a nadie para recibir algo, pero se va a mover de manera poderosa en los corazones de sus hijos si se lo permitimos. Por lo tanto, primero necesitas desarrollar una relación creciente con el Señor para que obtengas fuerza y poder y sepas como resistir cuando el tiempo venga.

Si tu fuerza está primero que nada en Dios, puedes entonces depender de tu marido de manera apropiada y al mismo tiempo ser apropiadamente independiente. Jesús dice: "Si alguno viene a mí, y no aborrece a su padre, y madre, y mujer, e hijos, y hermanos, y hermanas, y aun también su propia vida, no puede ser mi discípulo" (Lucas 14:26). Por supuesto, Jesús no nos llama a *aborrecer* con el sentido de fuertes emociones destructivas dirigidas hacia la gente, ya que Él nos ha llamado incluso a *amar* a nuestros enemigos.

Lo que Él nos llama a aborrecer es la influencia carnal continua y los lazos carnales y las lealtades que nos obstaculizan para darle el primer lugar en nuestra vida. Al liberarnos de las ataduras emocionales y aprendemos a seguir a Jesús, somos capacitadas para amar como Él nos ama y para ver a los demás y a nosotras mismas como Él nos ve.

¿QUÉ HACEMOS CON LOS TEMORES Y LOS SENTIMIENTOS?

Parte de aprender a amar a tu marido es aprender a darte tu espacio de vez en cuando. Es sano para ti y para tu relación matrimonial. Como mujer, aprende a desarrollar intereses fuera del matrimonio que no dependan de tu marido para que tu fuerza sea renovada cuando sea momento de estar juntos. Si tú no estás casada, aun así necesitas amigas.

Como mujeres, nuestra amistad con otras mujeres es vitalmente importante. Necesitamos la compañía de algunas amigas íntimas con las cuales podamos hablar, reír y llorar; personas con las que compartamos intereses comunes y que sepan disfrutar la vida.

También te conviene mucho hacer ejercicio regularmente, escuchar música y leer buenos libros. Invierte tiempo en perfeccionar una habilidad, cualquiera que esta sea: coser, pintar, alfarería, escribir. La situación ideal es que tengas los cimientos de una relación que te nutra y te apoye y de una iglesia que crea en la Biblia. Ten sabiduría cuando programes tu tiempo para ti con el fin de evitar un conflicto con la necesidad de tu esposo de estar contigo. Porque si no, se va a sentir como que tiene que competir por tu atención, y como resultado, se pondrá celoso.

¿Así que, como evitamos darle cabida a temores histéricos, y no permitir que las ansiedades nos afecten? La Palabra de Dios es clara:

> Echa sobre Jehová tu carga, y él te sustentará; no dejará para siempre caído al justo.

> Salmos 55:22

La disciplina piadosa necesaria es echar tus cargas sobre el Señor en cuanto te des cuenta, antes de que tengan la oportunidad de tener lugar en ti. No juegues con ellas. No tengas solaz en ellas. No las alimentes con resentimiento y amargura. Reconócelas, ofréceselas al Señor, déjalas ir, confirma tu identidad en Él y sigue en lo tuyo.

Capítulo 4

UN TIEMPO *para*
EL DUELO *y* EL LLANTO

TODOS, SIN IMPORTAR SU NIVEL SOCIAL, experimentamos dolor y pérdida en algún punto de nuestra vida. Estas dos emociones son una parte de la vida de la que no nos podemos escapar. De acuerdo con el diccionario *Webster's,* la *pena* implica un sentimiento de pérdida, culpa o remordimiento, mientras que el *duelo* implica una tristeza aguda por una causa inmediata.

Este sentimiento de pérdida puede durar mucho tiempo cuando muere un ser amado; especialmente alguien que nunca conoció al Señor. Recibir consuelo de Jesús en un caso así requiere decisiones reiteradas de rendir nuestros temores, nuestros juicios y nuestras preguntas no respondidas. Significa confiar en la capacidad de Dios de llevar su universo con amor, justicia y misericordia.

El duelo por la pérdida de seres queridos que se han ido con el Señor quizá sea breve. Lloraste por ellos, pero ahora te regocijas por ellos. Tienes la fe para creer que un día los vas a volver a ver. No obstante la pena quizá surja con lágrimas en momentos inesperados cuando la disparen tus recuerdos o cuando sucedan nuevos eventos importantes en tu vida que ya no puedas compartir con esa persona amada. Es un sentimiento de pérdida o de dolor. Tus lágrimas de aflicción son una reacción natural y sana, y no tienes de qué avergonzarte. Déjalas fluir. Dile al Señor acerca de tus sentimientos, y sigue con lo tuyo. No trates de suprimir tus sentimientos, ya que así es como se construyen los volcanes emocionales.

Cuando muere uno de los padres

Cuando lloramos la muerte de uno de nuestros padres, es particularmente doloroso porque, en lo profundo, sabemos que nadie puede tomar el lugar de un padre. El dolor de esa pérdida es único para tu situación, y Dios es el único que puede darte consuelo genuino. Déjame compartir contigo mi experiencia personal con el duelo y la pena.

Perder a mi padre

Mi padre fue una figura heroica en mi vida. Cuando perdimos a mi padre a causa del Alzheimer, destruyó nuestra familia; no obstante, fue particularmente difícil para mí.

Como vendedor itinerante, su trabajo le requería que saliera mucho de casa, pero cuando volvía estaba 100% del tiempo con nosotros. Yo era la mayor de cinco hijos, y siempre esperaba con ansias su llegada los viernes y pasar el fin de semana con él antes de que tuviera que partir de nuevo el lunes por la mañana. Lo esperábamos emocionados a que entrara por la puerta con su sonrisa característica en el rostro, con sus brazos extendidos para compartir abrazos. Mi madre salía de la cocina para recibirlo con calidez, y luego regresaba para terminar de preparar la cena.

La parte más memorable de nuestro fin de semana con papá eran nuestros viajes el domingo por la tarde a la ciudad y al campo alrededor después de asistir a la iglesia. Manejar en su día de descanso era lo último que un vendedor itinerante querría hacer, pero él sabía que nos encantaba. El punto culminante de cada aventura era que se nos daba el privilegio de escoger el antojo que cada uno pudiéramos pagar con nuestros cinco centavos. (Para nuestra generación, durante la Gran Depresión e incluso después de la Depresión, ¡esto era un lujo!)

Las tardes de los domingos papá tenía que pasar tiempo escribiendo a máquina sus reportes antes de salir a la mañana siguiente. Cuando le preguntábamos algo, nunca parecía molestarse de que lo hubiéramos interrumpido. Lentamente bajaba la mirada de su trabajo, con la dentadura postiza saliéndose de la comisura de los labios para hacernos sonreír y con una chispa en sus ojos inquisitivos nos preguntaba: "¿Qué pasó?". Si entrábamos haciendo ruido o peleando, nos ponía en orden con la adusta pero tranquila reprimenda que sabíamos nos merecíamos.

Con papá viajando la mayor parte del tiempo, mi mamá tuvo que ser la que llevara casi toda la disciplina porque estaba con nosotros en casa a tiempo completo. Algunas veces se volvía algo demasiado difícil de manejar para sus emociones. Pero papá era un apoyo calmado, consistente y sólido debajo de ella, y lo sabíamos.

Mis padres se retiraron al mismo tiempo, él de las ventas y ella de enseñar, y pasaron una gran cantidad de años haciendo muchas cosas que no habían podido hacer juntos cuando papá viajaba y mamá estaba demasiado ocupada encargándose de la casa.

Fue doloroso para todos nosotros cuando mi papá desarrolló Alzheimer. Observamos impotentes como la roca confiable y amorosa que habíamos conocido lentamente se resquebrajó y se desmoronó. El hombre que siempre había sido bien orientado de pronto se perdía en lugares familiares y tenía que solicitar ayuda para llegar a casa. Eso era asombroso y humillante para él.

Siempre había sido un vendedor estrella para su compañía, sobre todo por su habilidad para comunicar ideas así como por su integridad encantadora. Pero ahora, las palabras se perdían de su vocabulario, y se detenía a la mitad de una oración, sin saber qué decir, con una mirada furtiva asomándose por sus ojos mientras luchaba por obtener la palabra correcta para artículos tan comunes como "mesa" y "pan".

Cuando comenzó a ocurrir, si le dábamos la palabra que le faltaba, sus ojos se avivaban y se reía mientras continuaba. Pero comenzó a frustrarse cada vez más tratando de expresarse y algunas veces levantaba en silencio las manos, con lágrimas anegando sus ojos.

Gradualmente perdió el sentido del tiempo y se levantaba a todas horas durante la noche. Mi mamá estaba asustada de dormirse por temor a que se saliera a deambular. Las funciones sencillas de los cubiertos se volvieron un misterio para él, y perdió la habilidad de vestirse apropiadamente. Pero nunca perdió el deseo de ayudar en la casa y persistía en reordenar las cosas de maneras extrañas y en lugares raros.

Mi mamá se estaba cansando, pero estaba determinada a que mientras su amado esposo pudiera reconocer a la gente, ella lo cuidaría en casa. Cuando ella se resbaló sobre el hielo camino al buzón, y tuvo que someterse a cirugía para que le reemplazaran la cadera por completo, nos pareció que Dios había intervenido para quitarle la decisión de las manos.

Mi hermano Jerry y mi hermana Sue decidieron poner a mi papá en un asilo cristiano, explicándole con todo cuidado que mamá estaba en el hospital y que se iba a poner bien, pero que ya no podría cuidarlo en casa. No pudo comprenderlo todo, pero si entendió con mucha ansiedad que ella se había lastimado. Después de que se recuperó lo iba a ver casi cada tarde, él la abrazaba, la acariciaba suavemente y tocaba la andadera que ella había tenido que usar durante un tiempo y luchaba con preguntas y con preocupación por ella que no podía pronunciar.

Le llevamos un pequeño libro con todas las fotografías de su familia, y él lo llevaba a dondequiera que iba. Por la evidencia de lágrimas en las fotografías, creo que lloraba sobre ellas de vez en cuando. El personal le preguntaba a mi mamá una y otra vez: "¿Siempre ha sido una persona tan amable? ¡Usualmente estos pacientes se vuelven agresivos! ¡Pero Paul siempre es tan amable!".

Es difícil describir los sentimientos que me inundaban a medida que veía a mi padre perderse cada vez más de nosotros y de sí mismo. Un día cuando fui de visita, caminamos juntos varias veces por el corredor, tomados del brazo. Su manera de caminar era irregular y discontinua. Pero cuando veía que se aproximaba un paciente hacia nosotros en una silla de ruedas, de alguna parte dentro de este hombre que se había estado recargando pesadamente sobre mí para mantener el equilibrio surgía una fuerza momentánea para quitarme del camino de la silla de ruedas.

Yo casi me desmayo: primero, por el perenne amor protector de mi papá y, segundo, por darme cuenta de cómo el poder del amor habilita a la mente y al cuerpo para levantarse sobre sus limitaciones físicas y realizar tareas imposibles.

Cuando dejé a mi padre ese día, nos abrazamos durante un largo rato y lloramos juntos; le dije lo precioso que era, lo mucho que lo amábamos todos, y lo orgullosa que estaba de él. Él caminó conmigo hasta la barda que separa a los pacientes de la puerta del elevador, sonreía en silencio a través de sus lágrimas y miraba con profunda tristeza como entraba en el elevador. Cuando la puerta del elevador se cerró y quedé sola, me dejé caer entre llantos.

Es una maravilla que haya llegado a casa de mis padres a salvo cruzando el tráfico de la ciudad en medio del torrente de lágrimas que anegaba mis ojos. Fui directa con Dios acerca de mis sentimientos: "¡Estoy tan ofendida por su estado, tan enojada! ¡Él era tan bueno y dio tanto, y finalmente tenía tiempo para descansar y disfrutar la vida! ¡Él y mi mamá tuvieron que conformarse con solo verse los fines de semana durante tantos años! ¿Por qué esto? ¿Por qué no pudieron vivir el resto de su vida juntos? ¡No se merecen algo así! ¡No parece justo!". Y seguí y seguí.

Y Dios solo me escuchó. Yo sabía que me estaba escuchando con compasión. Cuando derramé suficiente dolor, seguí orando: "Señor, ten misericordia de él. Por favor, ¿podrías sanarlo completamente o llevárte-lo a casa para que esté contigo? Pero te pido con todo mi corazón, libera su hermoso espíritu de la prisión de su mente y de su cuerpo deteriora-dos. Hazle saber que no ha sido abandonado en este lugar. Llévatelo a tu casa, Señor, y a tus brazos y enjuga todas sus lágrimas. Llénalo con tu amor sanador. Señor, él nunca supo realmente lo que era tener un padre, y aun así hizo un gran trabajo como papá. Déjalo entrar a su herencia contigo. Permítele *conocerte*, Padre, y dale consuelo y gozo. Déjale saber cuanto lo amamos y lo mucho que apreciamos las muchas maneras en que rindió su vida por nosotros".

Entre más lloraba y oraba, mejor me sentía. Una paz entró en lo más profundo de mi ser interior. Algo dentro de mí lo dejó ir. Ya no me es-taba esforzando para hacer que sucediera algo que estaba más allá de mi control. Ya no tenía que luchar con mis sentimientos o con la culpa por lo que hice o dejé de hacer con respecto a él a lo largo de mi vida. Ya no me perseguían las preguntas sin respuestas.

Regresé a casa en Idaho a seguir con mi apretada agenda en el minis-terio y seguía enviándole tarjetas postales frecuentemente con algún pe-dacito de noticias y mensajes de "Te amo". Sabía que el espíritu de mi papá todavía podía entender y que necesitaba un toque de mi amor una y otra vez. Oré pidiéndole a Dios que consolara y alimentara las profun-didades de su espíritu.

Dios respondió mi oración. Más tarde me enteré de que otros en la familia habían estado orando de manera similar. En un corto periodo mi papá tuvo una serie de pequeños infartos y se fue a casa para estar con el Padre. No tuvo que pasar por todas las debilitantes etapas del Alzheimer. Nunca perdió la habilidad de reconocer a los parientes y a los amigos cer-canos que venían a visitarlo. El nunca perdió completamente su sentido del humor. Nunca dejó de ser amable.

Todos lloramos cuando murió, y el llanto era más que nada por no-sotros mismos. Se había ido nuestro papá. Lo íbamos a extrañar. Sobre todo nos regocijamos por él; había sido soltado de la prisión, liberado para ser y expresar esas cualidades con las que nos había bendecido durante tantos años, mucho más libremente y con mucho más propósito que nunca antes.

El duelo que experimentamos fue vencido por la celebraciòn de gozo y gratitud de ser liberado para ir al Padre.

Perder a una madre

Muy pronto después de que mi padre murió, mi mamá nos acompañó a John, a nuestra hija Andrea y a mí a un viaje a Israel y a cinco países de Europa. Ella era lo suficientemente inteligente como para saber que necesitaba llenar sus días de lo que la llevara a pensar hacia adelante, actividades llenas de vida. En Israel nuestro grupo caminó más de lo usual y el reemplazo de cadera que había recibido le estaba dando problemas, pero no quería perderse de nada. Quería todo lo que Dios tuviera para ella.

La única montaña que no pudo escalar fue la fortaleza de Masada ya que el teleférico estaba descompuesto, y no aceptó el desafío de subirla principalmente porque no quería retrasarnos. Ella se había acostumbrado a sacrificarse sin importar el dolor necesario para hacer lo que ella consideraba gozoso e importante.

Por el tiempo en que nuestra hija Ami se casó, mi mamá estaba emocionada y llena de entusiasmo visitando a sus nietos y bisnietos. Ayudó con los preparativos de la boda, con la decoración, hizo la ensalada y los sandwiches. Trabajó junto con el resto de nosotros para acomodar las sillas de la recepción y se deleitó en atender a todos los invitados. Cuando mencionó más tarde que se estaba sintiendo un poco cansada, le sugerimos que descansara pero ninguno tenía una razón para preocuparse o alarmarse.

Una semana y media después de que regresó a su casa, murió de leucemia aguda. Incluso el doctor no sospechó nada serio y al principio solo la trató en casa por lo que pensaba eran síntomas de gripa común. Cuando estaba tan agotada que no podía hablar por teléfono, mi hermana se la llevó al hospital.

John y yo estábamos grabando una serie de videos en una estación de televisión en Winipeg, Canadá, cuando recibimos la noticia de que el estado de mi mamá estaba mejorando. Terminamos los videos en una tarde maratónica, y luego John voló a un congreso en Dallas donde estábamos programados para hablar. Yo volé a San Luis para estar con mi madre y con el resto de mi familia que había llegado de varias partes del país.

Esperando encontrarla mejor, me sorprendió verla casi en estado de coma. Dos de mis hermanos compartieron que creían que nos podía oír, porque más temprano en el día le dijeron que iban a salir a comer, y en ese momento se incorporó, señaló su bolso, y dijo: "Hay un poco de dinero allí". Ese gesto casi los hace deshacerse en lágrimas: ¡casi en estado de coma en su lecho de muerte, y todavía estaba pensando en su bienestar!

Mi hermano Stan fue el último en llegar al hospital y yo le dije a nuestra madre: "Todos tus hijos ya están aquí, mamá". No pudo contestar, pero todos nos quedamos en silencio, y en poco tiempo descansó y se fue.

La enfermera dijo: "Sus signos vitales estaban tan débiles que no podía entender qué la estaba manteniendo con vida. Seguramente los estaba esperando". Todos nos quedamos perplejos en silencio. Mi hermano Norman estaba arrodillado al lado de su cama, y creo que todos estábamos orando en silencio. Pero ninguno de nosotros estábamos orando con la facilidad con la cual solíamos orar por otros.

No podía controlar mis pensamientos. *Oh, Dios, bendícela,* era todo lo que podía articular; sentí como si fuera a explotar de emoción. Fue como si estuviera suspendida impotentemente. Yo quería desesperadamente hacer algo, pero no sabía qué ni cómo averiguarlo.

Fuimos durante unos momentos una unidad de intensa soledad. Luego, nos levantamos, nos abrazamos y salimos en silencio, deteniéndonos para darle las gracias a la enfermera por su amabilidad con nuestra madre. Ella respondió, con los ojos nadando en lágrimas: "Ella me ministró a mí".

Fue una tarde callada, y Dios destapó las cascadas de emociones acumuladas en la privacidad de nuestras habitaciones. Entonces me fue fácil orar bendición y soltar, y me quedé dormida consciente de la presencia consoladora de Dios.

El pastor vino de visita y solo nos pidió que le habláramos de nuestra madre. Tuvimos un buen tiempo compartiendo los preciosos recuerdos que teníamos. Luego el pastor nos compartió algunas cosas que no sabíamos. A los ochenta y tres años de edad mi madre todavía estaba activa en el ministerio. Su muerte significaba que él tendría que encontrar varias personas para sustituirla en la vida de la iglesia.

Todos estuvimos de acuerdo en que esperábamos que ella viviera para siempre, y vimos que era el pegamento que mantenía unida a nuestra disgregada familia.

Cuando mi esposo, John, llegó al funeral y vio a mi mamá en el féretro, se veía confundido. Luego se dio cuenta por qué. En nuestros treinta y siete años de casados, nunca la había visto acostada. ¡Siempre estaba ocupada sirviendo a los demás!

En su funeral, el pastor compartió con todos lo que le habíamos dicho y lo resumió todo leyendo la estrofa final de un poema que yo había escrito años antes para la celebración del quincuagésimo aniversario de matrimonio de mis papás:

Algunos planean y urden esquemas y presionan conforme los
niños crecen,
Y atan a sus descendientes a ellos conforme avanzan
En un esfuerzo egoísta.

Pero mi madre lanzó sus sueños desde tablas para planchar,
Y bendijo su crianza.

Todos nos quedamos unos días, para pasar tiempo juntos y disponer de las cosas de la casa para que mi hermana no tuviera toda la carga de preparar la propiedad. Nos consolamos unos a otros con comentarios positivos acerca de lo felices que estábamos de que ambos padres hayan vividos vidas plenas y largas, lo maravilloso que era que la oración de nuestra madre de nunca ser una carga para nadie se cumplió con un rico legado cuando se fue, y otros comentarios semejantes. Nuestra conversación fue un bálsamo sanador en el momento, y todo lo que decíamos salía de nuestro corazón; pero no evitó lo que todos tendríamos que experimentar en los meses por venir.

John y yo salimos en menos de una semana a un viaje de un mes visitando muchas iglesias de Escocia, Gales e Inglaterra. Me sentía razonablemente tranquila y consolada por dentro. Toda mi atención estaba puesta en lo que tenía que hacer. Luego, nuestra hija menor, Andrea, nos llamó mientras estábamos en Paisley, Escocia, para anunciarnos que ella y Randy estaban planeando casarse en Navidad. Colgué el teléfono y comencé a compartir con entusiasmo la noticia con John.

Pero una ola repentina de tristeza me llenó, y di las gozosas noticias en medio de un río de lágrimas. ¡Me había dado cuenta de que no les podía llamar a mis padres para compartirles las buenas noticias acerca de su nieta! No me había dado cuenta de que todavía tenía emociones que necesitaba dejar salir de lo profundo de mí. Luego, cerca de Lancaster, Inglaterra, mientras John y yo íbamos caminando a la orilla de un hermoso río, experimenté la misma ola de tristeza. John me consoló y me ayudó a darme cuenta de que había estado tan ocupada con las necesidades de los demás que había dejado de lado mi propia necesidad de pasar por todo el proceso de duelo completamente. Compartimos nuestras penas, y nos sentimos mejor.

Había enterrado mis sentimientos de culpa por haberme quedado tan paralizada emocionalmente que no pude orar audiblemente en la muerte de mi madre. En el nivel *racional* sabía que no había nada que alguno de nosotros podría haber hecho. Pero en el nivel emocional, necesitaba la seguridad del perdón. Más tarde, la tristeza volvió con el gozoso nacimiento de tres nuevos nietos. No obstante, para este tiempo, ya había aprendido como consolarme en el instante cuando surgieran estos sentimientos. Es tan sencillo: "Jesús, no puedo compartirles las buenas noticias, pero tú sí. ¿Podrías, por favor, darles un recado?".

Cuando un esposo muere

Es natural sentir pena y experimentar duelo durante un tiempo después de la muerte de un padre anciano. Pero es mucho más intensa cuando muere el esposo.

Lo ideal, es que para el tiempo en que una mujer se case, sea una persona independiente y se haya desligado del lazo emocional con sus padres con el fin de volverse verdaderamente una carne con su marido (Génesis 2:24; Efesios 5:31; Salmos 45:10). La dinámica de la relación padre e hijo cambia para que ahora los hijos amen y cuiden a sus padres, libres de las lealtades y dependencias de la niñez.

Como mujer casada, por supuesto, vas a experimentar un gran sentimiento de pérdida cuando tus padres mueran. Pero ya habrás experimentado como adulto, y más tarde como mujer casada, haberlos dejado ir como tu apoyo primario, como consoladores, protectores, proveedores, confidentes y asesores. Tu esposo es más que primario *para* ti; es una sola carne *contigo*. Por lo tanto, la muerte de tus padres causa un trauma menor que la pérdida de tu marido.

Cuando tu esposo muere, te sientes resquebrajada por dentro, como si parte de ti se hubiera muerto con él. La razón es porque eras hueso de sus huesos y carne de su carne (Génesis 2:23). Compartían un bendito nivel de intimidad en tu matrimonio que abarcaba cuerpo, mente, corazón y espíritu. Toda la fe espiritual y la fuerza emocional del mundo no podrán detener el dolor que vas a experimentar.

Por otro lado, la Palabra de Dios te consuela: "Bienaventurados los que lloran, porque ellos *recibirán* consolación" (Mateo 5:4, *énfasis añadido*). Dios también "*sana* a los quebrantados de corazón, y venda sus heridas" (Salmos 147:3, *énfasis añadido*). La sanidad emocional no suele darse de manera instantánea. Dios respeta tus sentimientos y tu necesidad de llorar por un tiempo. Él sabe cuando estás dispuesta a recibir de él y cuando estás lista emocionalmente para dejar ir a un ser querido y seguir adelante con tu vida. Él anhela derramar el bálsamo de su Espíritu en tus heridas como una medicina, pero espera tu invitación.

> Por tanto, Jehová *esperará para tener piedad de vosotros,* y por tanto, será exaltado teniendo de vosotros misericordia; porque Jehová es Dios justo; *bienaventurados todos los que confían en él.*
>
> Isaías 30:18, *ÉNFASIS AÑADIDO*

Cuando lo invitas a sanar tus emociones, es como abrir una llave. La presión del agua ya está allí; el agua fluye para llenar tu vaso cuando la giras. Si pones un vaso lleno debajo de la llave y la abres, al principio el vaso no va a recibir más agua. Pero si persistes en mantener allí el vaso, pronto la constante presión del agua va a desalojar el agua que estaba en tu vaso. Lo mismo sucede con tu pena.

Si lo más profundo de tu ser está como un vaso lleno hasta el borde de pena, no esperes a que ese sentimiento se vaya para ofrecerte al Señor en oración. Quizá no estás dispuesta a compartirlo con Él o temes presentárselo, porque su contenido se amargó. Ofrécele tu vaso como está en este momento y decide confiar en Dios para que derrame su agua con la medida de poder que sabe es mejor para ti.

Sin duda, es sumamente difícil orar mientras estás experimentando emociones intensas. Pero incluso en momentos de intenso dolor emocional, ha sido consolador para mí leer:

> Y de igual manera el Espíritu nos ayuda en nuestra debilidad; pues qué hemos de pedir como conviene, no lo sabemos, pero el Espíritu mismo intercede por nosotros con gemidos indecibles. Mas el que escudriña los corazones sabe cuál es la intención del Espíritu, porque conforme a la voluntad de Dios intercede por los santos.
>
> ROMANOS 8:26-27

Así que te animo a que te relajes y abras tu corazón a Jesús lo mejor que puedas. Decide confiar en que Dios está a cargo a fin de cuentas y que va hacer que todo obre para bien (Romanos 8:28).

Algunas personas en el Cuerpo de Cristo han dicho que los cristianos no deberían llorar una pérdida y han citado el siguiente versículo como su texto "prueba":

> Tampoco queremos, hermanos, que ignoréis acerca de los que duermen, para que no os entristezcáis como los otros que no tienen esperanza. Porque si creemos que Jesús murió y resucitó, así también traerá Dios con Jesús a los que durmieron en él.
>
> I TESALONICENSES 4:13-14

Este pasaje no dice para nada que no debamos llorar *nunca*. Más bien, dice que si entendemos lo que significan la muerte y la resurrección de Jesús, no debemos llorar de la misma forma que las personas que no tienen esperanza en Jesús. Vamos a experimentar dolor una vez que seamos separados de nuestros seres queridos. Pero la sustancia de nuestra esperanza es que sabemos que algún día nos reuniremos con ellos en Él. La separación es temporal. El consuelo siempre está a la mano.

El duelo pronto es sanado con oración. La pena se tarda un poco más. Quizá estés limpiando un closet y te encuentres un suéter de tu esposo, te pueden sorprender lágrimas repentinas. Te lo pones y lo usas en casa durante un rato porque se siente bien. Llega por correo publicidad dirigida a él y una ola de tristeza te golpea o quizá incluso una pequeña flama de enojo: "¿Qué no saben que ya no está aquí?".

Luego están los días festivos. Llega el Día de Gracias y luego Navidad, y te sientas a disfrutar una cena suntuosa con tu familia. Y comienzas a recordar fiestas pasadas cuando él estaba allí en la cabecera de la mesa, y durante un momento te sientes sumamente sola; incluso en medio de tus seres queridos. Es normal que lleguen esas olas de tristeza durante un periodo. No te avergüences ni te impacientes contigo misma cuando las experimentes. No te disculpes por esas lágrimas.

Pero no debes permitir que tus sentimientos gobiernen el día. Deja que tus sentimientos vivan, reconociéndolos en silencio con el Señor, dándole autoridad sobre ti. Luego enfócate en la gozosa razón de la fiesta, y entrégate lo mejor que puedas a convivir con tu familia y amigos. La vida sigue en este planeta, y Dios te llama a invertir aquí tu vida tan plenamente como te sea posible hasta que Él te llame a irte.

Algunas personas cometen el error de tratar de desarrollar otra relación primaria demasiado pronto después de la muerte de su cónyuge. Se queda un agujero dentro de ellas que anhela ser llenado. Nada parece consolar por completo esa dolorosa soledad. Es probable que hayas dado por sentado el cuidado de tu marido por los detalles de la casa como los seguros, las cuentas, el mantenimiento del coche y las inversiones. Aunque al principio los desafíos te intimiden, con una buena asesoría puedes prepararte con suficiente conocimiento para enfrentarlos. Pero encuentras tremendamente difícil y agotador vivir con el vacío que sientes. Puedes llenar tus días de actividades, pero las noches son largas y la televisión puede ser una compañía depresiva.

Aun y cuando tu relación con Dios esté viva y activa, todavía deseas compañía cercana; amor con piel: caricias y abrazos.

Los amigos bien intencionados trataran de darte su compañía. Te van a seguir invitando a las salidas en grupo que solían significar tanto para ti y para tu esposo, pero él ya no va a estar allí, y la convivencia no es la misma. Agradeces el amor de tus amigos y su deseo de incluirte, pero te sientes un poco rara sin él.

Si te apresuras a llenar el vacío con cualquier cosa (o cualquier persona) que no sea la presencia de Dios y el apoyo de tus amigos durante un periodo de por lo menos dos años hasta que haya sanado, lo más probable es que coseches un problema. Va a ser extremadamente difícil relacionarte con un nuevo compañero con *todo* tu ser. Necesitas tiempo para cortar emocionalmente con la calidad de unidad que hayas tenido con tu anterior esposo.

Puedes esperar que los recuerdos salgan a la superficie con frecuencia, especialmente si tu matrimonio fue bendito y pleno. Va a ser difícil apartarte de las expectativas formadas por las maneras familiares, satisfactorias y cómodas por medio de las cuales te llegaban las bendiciones en el pasado. Podrías fácilmente, sin querer, hacer comparaciones que terminen como juicios y como una carga sobre tu nuevo esposo. Lo peor es que puede ser que esas comparaciones salgan de lugares escondidos en tu corazón y las expreses inconscientemente.

Tus estilos familiares y habituales de amar necesitan tiempo para morir. Y si la nueva relación va a tener un futuro saludable, necesita desarrollarse sobre la base de una amistad y convivencia mutuas más que de las presiones de la necesidad.

Cuando te abrumen olas de tristeza y recuerdos del ser amado que acabas de perder, permítete hacer lo siguiente:

֍ Derrama tus lágrimas.

֍ Tómate tiempos a solas para ordenar tus recuerdos; expresar gratitud, remordimientos, heridas, enojos, temores y necesidades al Señor; como salgan.

֍ Invita a Jesús a sanarte y a consolarte. Permítele amarte.

֍ Que otros oren por ti y contigo.

֍ Entrega a tu ser amado a Dios Padre en oración.

֍ Escoge la vida.

֍ Pasa tiempo haciendo cosas que siempre has disfrutado.

֍ Escucha música, del tipo que te ayude a levantar tu ánimo.

֍ Dedícate a ayudar a otros.

No te desalientes si de vez en cuando te inundan las emociones, y no te molestes cuando la gente no lo pueda comprender. Dios conoce tu corazón y va a perseverar en atraer lo que quede de pena en ti hacia Él.

Capítulo 5

CÓMO TRATAR *con la* PÉRDIDA *de* UN HIJO

"**A**MOR, HAY ALGO QUE NO ESTÁ BIEN con este embarazo", dijo Mary.

"A qué te refieres", respondió su esposo.

"Siento como si estuviera perdiendo al bebé. El doctor dijo que el sangrado ocasional es normal en el primer trimestre, pero hay algo que *siento* que no está bien."

Un par de días después, va al médico y sus peores sospechas quedan confirmadas. "Señora Smith, lo lamento mucho pero está perdiendo al bebé. Esto es común considerando que tiene más de treinta y cinco años, tiene ocho semanas de embarazo y ya había perdido antes un bebé. Por favor, llévese este material a casa y léalo detenidamente; debe responder la mayoría de sus preguntas. Por supuesto, me puede llamar si todavía tiene preguntas. Si experimenta un dolor agudo, fiebre alta o algo parecido, por favor llámenos de inmediato y luego acuda a la sala de emergencias más cercana. Una vez que su cuerpo expulse al bebé, por favor guarde el tejido en un frasco y tráigalo para que lo podamos enviar al laboratorio para hacer pruebas."

De inmediato le llama a su esposo para darle las noticias.

—¡Perdimos al bebé!

—¿Cómo? –pregunta incrédulo.

—¡Lo perdí otra vez! –silencio–. Bueno, ¿qué no vas a decir nada?

Enojada cuelga el teléfono. Sintiéndose sola y entumecida emocionalmente por las noticias que acaba de recibir se va a casa. En medio de las lágrimas los pensamientos llenan su mente: *¿Tejido? ¿Laboratorios? ¿Dijo que lo voy a perder? ¿Cómo pudo sentarse allí y decírmelo con tanta frialdad? ¿Por qué se refiere a mí bebé como "tejido"? ¿Qué hice mal esta vez?*

Mientras tanto, al otro lado de la ciudad, un padre está enterrando a su hijo de diez años.

"Dios, ¿por qué no me diste el cáncer *a mí?* ¡Sólo tenía diez años! ¡Tenía toda la vida por delante! Estoy enojado contigo, Dios. Yo no debería estar enterrando a mi hijo. ¡Mi hijo debería haberme enterrado!".

Probablemente te puedas identificar con uno de estos dos escenarios. O quizá en cierto momento te embarazaste, pero no era conveniente llegar a término por la razón que sea. Decidiste abortar y ahora la culpa te persigue.

Sin importar cuál sea tu situación particular, probablemente no existe un dolor emocional mayor que llorar la pérdida de un hijo. Algunos lo han descrito como perder parte de su identidad porque los hijos llevan rasgos de cada padre.

Sin importar la edad que haya alcanzado tu hijo, Dios tiene un plan –un plan *perfecto*– para cada niño. El plan *perfecto* de Dios se expresa claramente en su Palabra:

> He aquí, herencia de Jehová son los hijos; cosa de estima el fruto del vientre. Como saetas en mano del valiente, así son los hijos habidos en la juventud. Bienaventurado el hombre que llenó su aljaba de ellos; no será avergonzado cuando hablare con los enemigos en la puerta.
>
> SALMOS 127:3-5

Después del nacimiento de nuestro sexto hijo, leí esas palabras y pensé: *¿El hombre que llenó su aljaba de ellos? ¿Quién es la que carga a todos estos bebés finalmente?* Nuestros hijos mayores, felices con la pequeña pelirroja que acababa de entrar a nuestra familia, ya estaban incluyendo en sus oraciones por los alimentos la frase "... y por favor, Dios, permite que mamá tenga otro bebé".

Le dije a John que me encantaría *permitir* que el quedara embarazado del séptimo si Dios decidía bendecir su aljaba de nuevo. Ahora bien, yo sé y entiendo que este versículo significa que *ambos* recibiríamos bendición. Y *hemos,* en una medida increíble, conforme nuestros hijos han seguido nuestras huellas espirituales, tomado pasos mayores, más rápidos y mucho más productivos por la gracia de Dios que antes.

Nunca he perdido un hijo, aunque he experimentado la ansiedad de constantes amenazas de perder uno. Loren llegó a este mundo sedado a causa del éter que el doctor me dio (sin el permiso de nadie). Ami fue concebida en un embarazo ectópico. Mark amenazó durante varias semanas con perderse. Johnny nació con un cordón umbilical extrañamente largo parcialmente enrollado alrededor de su cuello. Y yo tuve que quedarme en reposo seis semanas para evitar perder a Tim.

Cuando estaba en trabajo de parto por Andrea, el doctor trató de romper la fuente, pero ya no había fuente. Andrea se resbaló de lado con el cordón umbilical enredado en su cuerpo, provocando que su ritmo cardiaco descendiera. El doctor se las arregló para voltearla y literalmente *traerla* al mundo a salvo.

Conozco bien la ansiedad y la oración ferviente, así como el alivio y la gratitud. Puedo identificarme con madres que han perdido a su bebé, porque sé que hubiera quedado destrozada si hubiera perdido a cualquiera de los nuestros en cualquier momento. Sé que hubiera luchado una y otra vez con las preguntas: "¿Qué hice mal? ¿Qué pude haber hecho de otra manera?".

La culpa por perder un bebé

Es natural que te preguntes si eres responsable de alguna forma por haber perdido al bebé. Pero los sentimientos de culpa suelen ser impropios. Hay causas físicas y naturales por las que abortaste involuntariamente.

Los abortos no suceden porque te hayas peleado con tu esposo, porque estés súper agotada, porque estés preocupada por tus finanzas o porque estés tensa después de una prolongada y difícil visita de tu suegra.

Tu doctor no está tratando de hacerte sentir mejor cuando te dice que un aborto espontáneo es la manera de la naturaleza de deshacerse de un embrión defectuoso. Te está diciendo la verdad. Algunas de las causas para los abortos dentro de los primeros días del embarazo están: anormalidades fetales que no permitirían la supervivencia, óvulos fertilizados inmaduros, fiebre alta o tumores fibrosos en el útero o un útero con una forma extraña, estos dos últimos significan que no hay suficiente espacio para que el bebé se desarrolle. Los abortos espontáneos a mediados o fines del embarazo suceden por insuficiencias en la placenta que deja de funcionar apropiadamente para servir al bebé, o por un cuello de la matriz débil que comienza a dilatarse mucho antes de lo que debería.

Algunas veces hay razones espirituales para un aborto espontáneo, aunque son escasas. Algunas veces sucede que las mujeres que han tenido abortos provocados anteriormente después presentan problemas para tener un hijo; el cuerpo ha recibido repetidamente el mensaje de "abortar" y ahora obedece espontáneamente. En tal caso, se requiere sanidad y perdón.

Hemos ministrado a varias mujeres que fueron tan heridas de chicas que odiaron ser niñas. Consciente o inconscientemente, a partir de una base de temor y enojo, hicieron el voto de nunca traer un hijo a un mundo tan atribulado y lleno de odio. Ahora bien, como adulto, quizá conscientemente quieran tener hijos, pero su computadora interna está programada para no producir ni sostener la vida. O tienen problemas para concebir o abortan espontáneamente en varias ocasiones sin que hayan razones físicas aparentes.

Si este es tu caso, necesitas *perdonar* a los que te maltrataron. Se necesita ministrar el temor que hay en ti en niveles profundos por medio de varias sesiones de oración (preferiblemente que alguien más ore por ti) para tener consuelo, amor, fortaleza interior y protección. Dios nos escucha la primera vez que oramos. Pero nuestro ser interior, como un niño, necesita escuchar mensajes de aceptación una y otra vez antes de que podamos descansar y volver a confiar. Por lo cual, cualquier voto interno para no producir vida debe ser roto en oración por alguien que entienda la autoridad en el nombre de Jesús. Por la misma autoridad el cuerpo debe ser llevado a producir vida y sostenerla, de acuerdo con el plan original de Dios.

Si tú has experimentado la decepción de muchos abortos espontáneos, quizá hayas llegado a ver cada ciclo menstrual regular como la pérdida de un bebé y una ocasión para llorar. Si este es el caso, necesitas disciplinarte a ti misma para escoger la vida e ir hacia adelante, a pesar de tus emociones y apropiarte de la sanidad que otros te ministren.

Las condiciones pecaminosas prevalecientes de nuestra cultura también contribuyen para una mayor incidencia de abortos espontáneos. El capítulo 9 de Oseas habla acerca de lo asqueroso de la iniquidad de la nación, lo depravados que eran, como habían recurrido a Baal-peor, y como se habían dedicado a la vergüenza. El versículo 11 dice: "La gloria de Efraín volará cual ave, de modo que no habrá nacimientos, ni embarazos, ni concepciones". El versículo 14 dice: "Dales, oh Jehová, lo que les has de dar; dales matriz que aborte, y pechos enjutos".

Este es un momento en la historia en el que lo absoluto de las leyes de Dios ha sido erosionado incluso del corazón de muchos cristianos. El pecado se toma demasiado a la ligera. Es raro el hombre que "sepa tener su propia esposa en santidad y honor; no en pasión de concupiscencia, como los gentiles que no conocen a Dios" (1 Tesalonicenses 4:4-5). Las palabras de Oseas se aplican a nosotros hoy así como a la nación de Israel hace más de 2,700 años.

Esto no necesariamente quiere decir que los que están experimentando abortos hoy estén cosechando su propio pecado. Somos un cuerpo colectivo, todos cosechamos bendiciones del trabajo de la gente alrededor del mundo, pero también cosechamos de los pecados de la humanidad.

> Para que seáis hijos de vuestro Padre que está en los cielos, que hace salir su sol sobre malos y buenos, y que hace llover sobre justos e injustos.
>
> MATEO 5:45

Todos necesitamos arrepentirnos de los pecados sexuales de nuestra cultura, así como de nuestras transgresiones individuales, y orar sinceramente por la protección y bendición de nuestros hijos.

Adelante, llora

Si has experimentado un aborto espontáneo, permítete llorar por él. No trates de consolarte racionalizando: "Bueno, no importa, ni siquiera tenía la oportunidad de convertirse en una persona. No es lo mismo que perder a un bebé". Tu bebé ya era una persona desde el momento en que fue concebido. Incluso si nunca sentiste que tu hijo se moviera en el vientre, la pérdida puede ser emocionalmente difícil.

Permite que tus sentimientos vivan. Compártelos con tu esposo. SI él todavía no ha experimentado la realidad del embarazo quizá no tenga el mismo sentimiento de pérdida que tú. SI parece lejano, no significa que no le importe. No quiere decir que él nunca quiso realmente tener al bebé. Pídele que te escuche y te consuele de todos modos. Si no puede, habla con una amiga que haya pasado por la misma experiencia.

Llora. Entrégale al Señor a la pequeña personita que perdiste, con tu bendición y mira hacia adelante para esperar el feliz día en que una concepción sana sea llevada a término. Relájate; si te esfuerzas demasiado tratando de hacer que ese día venga, se arruinara la espontaneidad y la bendición de tu unión sexual con tu marido y tu creciente tensión reducirá la probabilidad de que te vuelvas a embarazar.

Belleza de las cenizas

Dios algunas veces le da gracia al que llora con una seguridad de consuelo más allá de su fe.

Recuerdo a una amiga que compartió un hermoso testimonio conmigo. Había pasado por una serie de experiencias emocionales profundamente perturbadoras que incluían muchas luchas personales con la persecución y el rechazo, la muerte de un miembro de la familia, y luego, finalmente, el aborto, fueron devastadoras para sus esperanzas y sueños. Todos estos sucesos le sobrevinieron en el mismo periodo.

Aunque era nueva como cristiana, su relación con el Señor era saludable. Pasó por el perdón y el dolor del duelo y la pérdida lo mejor que pudo. Pero seguían oprimiéndola sentimientos de culpa por no haber podido darle a su bebé ninguna otra cosa que dolor y muerte. Luchó con sus sentimientos durante casi cuatro años, impaciente con su incapacidad de dejarlo ir y descansar.

Entonces, un día, cuando ella y su pastor estaban orando acerca del asunto, él le preguntó qué le diría a su bebé si pudiera.

"Vamos, dale voz a tus sentimientos, como si tu bebé estuviera aquí mismo. Dile cómo te sientes y lo que te hubiera gustado que pudieran haber hecho juntos", dijo el pastor.

Ella lo hizo, y cuando terminaban de orar Dios le dio una visión clara de su bebé en el cielo y abrió sus oídos para escucharla reír. No solo eso, sino que escuchó el sonido de la risa de muchos niños. En ese momento pudo dejar ir el duelo que había cargado durante tanto tiempo, sabiendo ahora, por el regalo de confirmación de Dios, que su bebé había recibido vida y alegría y no muerte.

Dios no nos llama a construir teologías sobre testimonios como este, ni nos llama a tratar de reproducir el mismo escenario como técnica de consuelo. Dios va a traer su regalo de consuelo y sanidad a cada persona en la manera y el momento que Él escoja.

Cómo trabajar con el dolor de que el bebé nazca ya muerto

Ninguna cantidad de cuidados y consuelos amorosos y llenos de compasión pueden llevarse el sufrimiento que experimentas cuando tu hijo nace ya muerto, aun y cuando Jesús sufrió tus dolores (Isaías 53:4), y los amigos y la familia quieran darte apoyo y consuelo. No estás sola en tu dolor, tu duelo, tu culpa insistente y el temor, aunque quizá experimentes una soledad devastadora.

Las personas cercanas tratan de acercarse para ayudar, sin saber qué es lo que estás lista para oír o recibir. Algunas tienen la sabiduría de esperar en silencio, amándote, llevando tu carga como si sintieran lo mismo que tú, escuchándote cada vez que quieres hablar. Otros, como los amigos de Job, quizá te ofrezcan consejos absurdos e inoportunos como: "No dejes que te afecte"; "Alégrate, ya podrás tener otro bebé"; "No llores, tu bebé está mejor en el cielo". O quizá insensiblemente amontonen una pila de cargas emocionales en ti, que te sean imposibles de manejar en este momento, con represiones para que te hagas cargo de tu marido o para que te concentres en las necesidades de tus otros hijos. Algunas veces el personal del hospital tiene el don de la sabiduría, amor y sensibilidad; muchas otras: no. Muchos van a tratar de evitar el tema porque tienen problemas para manejar sus propios sentimientos de impotencia para salvar a tu bebé.

Sin importar la reacción y la capacidad de la gente a tu alrededor, tu propio duelo es un asunto sumamente personal e íntimo que solo el Señor puede entender; y al principio quizá no puedas recibir incluso lo que *Él* te puede dar. Quizá estés demasiado entumecida emocionalmente con el impacto como para sentir la presencia de Dios o para estar abierta a recibir cualquier tipo de consuelo de las personas que te están atendiendo. Quizá luches con enojo, muchas veces proyectado en contra del personal médico que falló en advertirte o prepararte. Quizá no te puedas sacudir el sentimiento de que se cometió algún error tremendo.

Sigues pensando: *¿Por qué yo? ¿Dios, por qué permitiste que esto me sucediera? ¡No es justo! La gente que no quiere tener bebés los tiene. Mucha gente los maltrata y algunos incluso los abandonan o los matan! ¡Yo solo quería un bebé para amarlo!*

Algunas veces cuando las personas se te acercan a ayudar, todo en ti grita que te dejen sola. Y algunas veces cuando *te dejan* sola, te sientes abandonada.

No hay soluciones fáciles. El proceso de pérdida no se puede apresurar o evitar. Si demoras el proceso con negación, supresión o sobrecompensación (con hiperfé o fuerza de voluntad), entonces el duelo, o los estresantes efectos de *no* llorar, pueden abrumarte después.

Date permiso de llorar. Si eres un desastre emocional durante un tiempo, no significa que seas débil. Si te permites llorar, vas a salir del desastre mucho más rápido.

Si tu marido puede llorar contigo, abrazarte y decirte que entre los dos van a poder salir adelante, ¡es maravilloso! Recuerdo como mi hermano Jerry lloró cuando él y su esposa perdieron a su primer bebé.

Pero a muchos hombres se les ha enseñado falsamente en nuestra cultura que los hombres fuertes no lloran. Así que su respuesta habitual al dolor emocional es ejercer dominio propio y parecer fríos, o suprimir y alejarse, u ocuparse con cosas que pueden manejar para sentirse competentes.

Incluso pueden llegar a creer que lo que están haciendo es necesario para apoyarte o ser fuertes por causa del resto de la familia. Algunos encuentran alguna cosa inanimada que golpear para aliviar el estrés o quizá exploten espontáneamente con cualquier persona que por coincidencia se encontraba junto a ellos. Si la reacción de tu esposo es en alguna manera inapropiada con tus sentimientos o tu necesidad no asumas que no se duele tanto como tú. Tan aislada y rechazada como te puedas sentir, rehúsate a aceptar y a alimentar los pensamientos incesantes de que él quizá no te ama, o que *quiere* abandonarte cuando más lo necesitas.

Es altamente probable que después de perder un bebé te deprimas. Trata de entender que tu cuerpo ha derramado una energía tremenda en el cuidado de ese pequeño hasta el término completo de tu embarazo. Tu emoción se ha levantado con expectativa de hermosas esperanzas y sueños. Ahora que ya no hay bebé que cuidar, tu sistema se quiebra como una liga que se ha estirado demasiado. Pero a diferencia de la liga, cuando hayas descansado y llorado tu pérdida, *vas* a levantarte de nuevo y recuperaras tu elasticidad.

Quizá experimentes problemas sexuales durante un tiempo, pero no te preocupes por ti ni dudes de tu amor por tu marido. Es sumamente difícil experimentar estimulación sexual o placer cuando te estás sintiendo deprimida. Tampoco te preocupes si comienzas a experimentar algún placer y luego sientas que te brotan las lágrimas. Tienes que saber que es parte del proceso de recuperarte.

Si te encuentras luchando con sueños acerca de dar a luz un niño muerto o un niño deforme, no te apresures a interpretar el sueño como una advertencia profética. Probablemente no es otra cosa que heridas emocionales abiertas, temores o culpa que está surgiendo de tu subconsciente. Nunca suprimas tus temores. Déjalos salir a la superficie donde se pueden enfrentar y vencer. Busca ser ministrada de parte de tu pastor, tu consejera cristiana o una amiga de confianza con la que puedas orar y hablar de esas cosas.

Si quieres desesperadamente otro bebe pero no te puedes sacudir tus temores de probablemente perder otro, habla honestamente con tu doctor acerca de tus sentimientos. Permítele que te consuele por medio de preparar tu mente y tu corazón con los *hechos*. No esperes que tu doctor sea un *consejero* espiritual o emocional. La mayoría no tienen tiempo de dar consejos. Pero con toda certeza pueden desactivar las ansiedades causadas por la desinformación.

BUEN DUELO

Hace algunos años unos amigos cercanos perdieron un nieto. No hubieron señales de que podría existir un problema serio. Toda la familia quedó destrozada emocionalmente cuando su pequeño hijo nació con un cerebro inmaduro y con otras partes faltantes o deformes. El bebé solo vivió unas horas. Pero durante ese tiempo la familia le dio todo lo que pudo. Sus padres lo amaron. Sus abuelos lo abrazaron en la cuna, lo arrullaron y le cantaron. Le hablaron de Jesús. Su tío habló con él y le relató anécdotas acerca de la historia de la familia. Las preguntas sobre si el bebé podía entender o no eran irrelevantes. La familia estaba derramando amor en el espíritu personal de un bebé que necesitaba ser reconocido y valorado. Y cuando murió, lo bendijeron y se lo entregaron a su Padre celestial. Dos años más tarde la mamá dio a luz a una hermosa y sana niña.

Algunas veces la mamá que ha perdido un bebé, y luego concibe otro, trata de consolarse pensando que está embarazada de nuevo con el bebé que perdió. Esto puede suceder cuando el proceso de luto no se ha terminado, y no se han logrado el desahogo emocional y la sanidad. Dios no "recicla" bebés, y si esa actitud y esa expectativa prevalecen, el nuevo bebé quizá siempre luche con un sentimiento profundo de que es el sustituto de alguien más. Estos niños probablemente luchen con el rechazo y sientan que no pueden ser amados por quiénes son.

Cada bebé es único. La nieta de nuestros amigos no es de ninguna manera el repuesto de su hermano que murió. Mi hermano Jerry y su esposa fueron bendecidos con tres hermosos hijos después de la pérdida del primero. Ninguno es igual al otro. Cada uno es amado y apreciado como un regalo único de Dios.

¿Qué es lo que llena, entonces, el lugar vacío en el corazón de los padres dejado por el que perdieron? Nada, excepto incontables expresiones del amor de Dios a lo largo de un periodo y la fe en la promesa de vida eterna y en el reencuentro con nuestros seres amados.

El dolor de perder un hijo ya crecido

La muerte de un hijo ya crecido es todavía más difícil de enfrentar porque han tenido tiempo de apegarse con más fuerza. Tú y tu esposo han invertido años de sí mismos y han compartido incontables momentos preciosos y tiernos con sus hijos. Han jugado, trabajado, reído y llorado juntos. Los han cuidado a través de los dolores de las rodillas raspadas y el corazón herido una y otra vez. Los han confrontado en sus faltas y celebrado sus logros.

Muchas decisiones importantes de la familia se han tomado dándole la prioridad a su bienestar. Han estado creciendo en emoción y expectativa con respecto a la capacidad y el potencial de cada niño. ¡Tienen el sentir de que si sus hijos pueden convertirse en todo lo que pueden ser, ustedes viven! No que vivan *a través* de la vida de sus hijos, pero de alguna manera, su ser interior se siente libre de danzar, cantar y celebrar en una manera especial y gloriosa cuando ven a sus hijos y a sus hijas florecer. Se regocijan por su causa y por las vidas que tocan. Las raíces de cada niño están entrelazadas profundamente alrededor de tu corazón de tal forma que cuando la muerte los desarraiga, sientes como si te hicieran gran violencia.

Cómo comprender y tratar con la respuesta de tu marido

Como mencioné anteriormente, tu esposo no puede llorar realmente un aborto porque la concepción no se ha vuelto real para él. Él sabía que estabas embarazada, pero no ha visto, tocado o sentido la presencia del bebé como tú. Se ha relacionado más con una idea, con una esperanza y con un sueño que puede ser reemplazado. Tu marido puede expresar decepción, y, si es sensible, quizá te tenga compasión o intente sentir lo mismo que tú. Pero no se puede esperar que sienta la pérdida de alguien a quien nunca ha visto o abrazado en el mismo grado que tú.

Un hombre puede sentir verdadero duelo (aunque no lo exprese) por la pérdida de un bebé nacido muerto, especialmente si ha estado participando con su esposa del gozo y la maravilla del proceso de desarrollo. Escuchando el latido de su corazón, poniendo su mano en su abdomen y bendiciendo al pequeño en el vientre imaginándose un bebé real. Pero no ha tenido la oportunidad de relacionarse con el bebé tanto como su esposa.

No obstante, cuando un hijo ya crecido muere, tu esposo pasa por el mismo dolor emocional que tú experimentas como madre. Él también ha tenido tiempo de apegarse y sentir como si le hubieran arrancado una parte de sí mismo. Está invadido por sentimientos de frustración y culpa igual que tú: impotencia, que no pudieron salvar a su ser amado de la enfermedad o del accidente que le quitó la vida. Eres golpeada una y otra vez por un río de pensamientos acerca de lo que deseas haber dicho o hecho con tu hijo cuando todavía estaba vivo.

Si los dos pueden compartir su dolor, consuélense uno al otro y oren el uno por el otro. Lo natural es que su relación se fortalezca, pero si alguno de los dos está paralizado por la incapacidad de expresar sus emociones o compartir su dolor, y se aísla, el otro termina luchando con sentimientos abrumadores de rechazo y abandono. Puede crecer un cisma entre ustedes que se vuelve cada vez más difícil de franquear.

Como ya dije, los hombres de nuestra cultura están menos prepara-dos para manejar la expresión sana de las emociones que las mujeres. Lo más probable es que el que se aisle sea tu marido. Comprende lo que está sucediendo realmente. No te permitas percibir su reacción como recha-zo o abandono. Hasta donde puedas, con Dios ayudándote, aquí hay al-gunas cosas que puedes tener en mente:

- No reacciones de la misma manera. Si los dos se alejan solo hacen el cisma más ancho.

- No lo acuses de ser insensible, ni trates de manipularlo,

- Por tu propio bien (eres vulnerable), busca una amiga o una consejera con la cual hablar y orar.

- Ora por tu esposo para que tenga la fuerza de espíritu para permitir que sus emociones vivan, para que abra su corazón y te permita entrar y para que hable contigo.

- Pídele al Señor que supla tu necesidad y que haga que muera todo mensaje de exigencia en ti.

- Toca a tu esposo con afecto gentil y sensible tan a menudo como te lo permita.

- Si te rechaza, comprende que lo hace por el temor de perder el control. Retrocede, ora en silencio por él y trata de nuevo más tarde. Ora que tus caricias sean un consuelo, una bendición y una *invitación*.

Cuando te sientas tentada a decir: "¿Qué no sabes que...?", "¿No pue-des ver que...?" o "¿Por qué no puedes...?", cierra tus labios, y di algo más cercano a: "Te duele mucho, ¿verdad? Te entiendo". La persistencia sensible, amorosa y positiva es un puente poderosamente eficaz (aunque no está garantizado) para remontar cismas provocados por dolor, heridas y temor.

El tipo de disciplina que acabo de describir no es fácil cuando tu propio corazón está sangrando. No puedes dejar de sentir que se supone que tu marido sea el sacerdote de la casa, que debe estar preocupado por ti y de alguna manera tomar la iniciativa para acercarse a ti. No parece justo. ¿Por qué tienes que ser tú la "fuerte"?

Es natural que te sientas así, pero si te tomas de esos sentimientos y los alimentas o te regodeas en ellos, quizá caigas en las oscuras profundidades de la depresión que llena el cisma entre ustedes. Es mucho más difícil levantarse de eso. Dios te va a llenar del poder necesario para perdonar, sanar, bendecir y confrontar en amor. Él no va a respaldar tus decisiones de retener el enojo, la amargura, la autolástima, las acusaciones ni tampoco que las blandas como armas de agresión o defensa.

Cómo comprender tus propias respuestas

Supón que comienzas a llorar incesantemente y sin control en el proceso de duelo. No puedes entender qué te está pasando. Estás tratando de relacionarte con tu esposo en una manera amorosa y sensible, pero parece imposible cuando *tú* eres un desastre emocional. Entre más emocional te pones, él se aleja más de ti. Te sientes rara, enajenada incluso de ti misma y comienzas a temer que te estés dirigiendo a un colapso nervioso.

Hay por lo menos dos dinámicas poderosas que están actuando aquí. En el capítulo dos, hablé de la manera en que la esposa se identifica con su marido de manera inconsciente por su relación de una sola carne. Esta es la primera dinámica. Ella experimenta los sentimientos que él no puede expresar, lleva las cargas de las que él no ha hablado y llora las lágrimas que él no puede llorar. Cuando los padres han perdido un hijo y el padre se aísla, atado fuertemente por un intenso dolor no expresado y que teme compartir con alguien, su esposa quizá lleve la carga y llore por ambos.

La segunda dinámica en operación es lo que mi esposo, John, y yo llamamos el "principio de equilibrio". Si un compañero es extremadamente parlanchín, el otro se vuelve callado. Si uno falla en disciplinar a los niños, el otro tiende a disciplinarlos de más. Si uno parece un aventurero idealista, el otro desarrolla una actitud cauta que parece ser cobardía.

Fuimos creados para complementar, levantar y fortalecernos mutuamente en nuestras diferencias. Pero cuando importantes aspectos de nuestra personalidad todavía no han sido rendidos a Dios y redimidos, somos controlados por las viejas prácticas habituales de nuestra naturaleza. Luego en lugar de bendecirnos y llenarnos mutuamente, nos llevamos el uno al otro a los extremos.

Si un esposo no puede expresar su dolor y su duelo abiertamente, su esposa probablemente se vaya al otro extremo con el peso combinado del dolor en ambos. Ella no puede comprender por qué se ha vuelto tan emocional hasta cerca de perder el control, pero lo único que está sucediendo es que está haciendo contrapeso con su marido y expresando su dolor no expresado.

Si esto es lo que te ha estado pasando, ¿qué puedes hacer? Reconoce la dinámica que esté operando, y deja de preocuparte por tu salud mental. Dile al Señor acerca de ello. Entrégale *toda* la carga a Él, y sigue con tu vida. Repítelo, repítelo y repítelo hasta que ya no sea problema.

Hay etapas consecutivas de duelo conectadas a todas las pérdidas: negación, enojo, culpa, depresión, aceptación y luego sanidad. Necesitamos saber que Dios nos ama a medida que avanzamos por esa secuencia natural en el regalo de su gracia.

Cómo aceptar que un hijo ya no está

¿Entonces cuál es tu consuelo final con respecto a un hijo que ha muerto? ¿Cómo puedes aprender a aceptar que tu hijo ya no es parte de tu vida? La respuesta se encuentra en la vida de tu hijo y su legado.

Esta es una historia de la Biblia que lo dice todo:

> Y le presentaban niños para que los tocase; y los discípulos reprendían a los que los presentaban. Viéndolo Jesús, se indignó, y les dijo: *Dejad a los niños venir a mí, y no se lo impidáis; porque de los tales es el reino de Dios.* De cierto os digo, que el que no reciba el reino de Dios como un niño, no entrará en él. *Y tomándolos en los brazos, poniendo las manos sobre ellos, los bendecía.*
>
> MARCOS 10:13-16, *ÉNFASIS AÑADIDO*

Mi pequeño primo Charlie era uno de los regalos especiales de Dios. Él era un hermoso niño con una inteligencia clara y sobresaliente, una naturaleza alegre y chispeante y un gusto por la vida que inspiraba a toda la familia. Recuerdo vividamente su cabello rubio, suave y crespo, sus ojos azules, su conversación entretenida, su sentido del humor y sus abrazos entusiastas.

Le encantaban las historias que la familia le leía y se las había memorizado casi palabra por palabra. Le encantaba cantar y era entonado. Sus canciones favoritas eran las que aprendíamos en la escuela dominical. Cuando cantaba: "Jesús me ama, bien lo sé", estábamos ciertos que sabía en lo profundo de su corazón la verdad de lo que estaba cantando.

Antes de que Charlie comenzara el jardín de infantes, fue al hospital por lo que todos pensaban que sería una extracción de amígdalas sencilla. Algo salió mal. Nunca supimos realmente qué. Alguien sugirió que pudo haber sido una alergia a la anestesia.

El pequeño Charlie murió. Pero antes de morir, nos dejó un bello recuerdo para todos; un regalo que ejemplificaba la bendición que había sido su corta vida. Sus padres fueron a verlo cuando estaba saliendo de la anestesia y les dijo: "Perdónenme que no les pueda cantar hoy".

El pequeño Charlie dejó tras sí un hermoso recuerdo de lo que significa tener una fe como la de un niño. Y sabemos que hoy le está cantando al Padre de las profundidades de su corazón.

DE LA CULPA DEL ABORTO AL PERDÓN Y LA LIBERTAD

Aunque la mayoría de nuestros niños llegaron como sorpresas, y ninguno llegó en un momento "conveniente", luché con todas mis fuerzas por no perderlos. La lógica dura y fría del mundo hubiera dicho que no saldríamos con los gastos, pero de alguna manera un amor sobrecogedor se levantó dentro de John y de mí para darle la bienvenida y acoger a cada uno.

Por la gracia de Dios nos las hemos arreglado para salir de la universidad y del seminario; alimentar, vestir y enviar a la escuela a los niños; pagar nuestras cuentas; y disfrutar una vida familiar rica, estimulante, desafiante, plena y llena de diversión y un ministerio a lo largo del camino. ¡Bendito sea Dios por la aljaba llena de flechas que nos dio!

Vivimos en un mundo loco, confundido y pecaminoso donde se lleva a cabo el asesinato de millones de bebés en el vientre de una madre que *podría* mantener a su descendencia, pero que decide no hacerlo. Algunas de estas mujeres lo hacen presas del temor y del pánico, ya que no llegan a creer que tienen una alternativa, y su pena es profunda.

Otras deshumanizan a los niños que han matado con el fin de racionalizar sus acciones y negar su culpa. Lo que no se dan cuenta es que aunque "feto" *suena* más a una "cosa" que una "persona", en realidad es la palabra en latín para decir "bebé". Aunque muchas mujeres se sienten aliviadas al principio después de un aborto, la culpa suprimida y el duelo no llorado finalmente cobra un alto precio en enfermedad o desórdenes nerviosos, y estas mujeres terminan en una desesperada necesidad de sanidad.

Si eres una de estas mujeres, quiero que sepas que la sanidad está disponible para ti. Recibir el perdón es una consecuencia natural del pecado. Y el perdón echa el cimiento para la sanidad que Dios anhela traer, *pero el arrepentimiento es la clave.* Arrpentimiento por:

> ✎ Ceder a la presión de alguien más para deshacerte de un hijo no deseado.

> ✎ Aceptar la mentira de que estaba bien, y que estaba justificado bajo tus circunstancias particulares.

> ✎ No querer que te molestaran.

> ✎ Escoger las comodidades materiales en lugar de la vida del bebé, tu propia carne.

> ✎ Tener miedo de la responsabilidad de criar un niño o de estar demasiado joven.

> ✎ Esconder la vergüenza de un hijo ilegítimo.

> ✎ Sin importar lo que pensaste que eran tus razones; arrepentirte de *asesinar* a tu hijo.

Sé que suena duro decirlo así, pero hasta que no te arrepientas del aborto como un asesinato, nunca serás libre. La culpa es tu amiga; no puedes recibir perdón hasta que no admitas tu culpa. La culpa no es lo mismo que la condenación. El asesinato no es el pecado imperdonable.

La racionalización te va a mantener para siempre en el cautiverio de culpa escondida y en la necesidad compulsiva de la autodefensa. Saber que estás perdonada es ser verdaderamente libre para seguir con tu vida.

A lo largo de los años John y yo hemos aconsejado a muchas mujeres que estaban cargadas por la culpa de haber abortado. Normalmente no empujamos a la gente a que tengan una experiencia emocional. Pero en el caso del aborto, como sabemos que tuvieron que "deshumanizar" a su bebé con el fin de matarlo, necesitan darse permiso de experimentar emociones reales acerca de la muerte de su hijo. Demasiado tiempo han estado viviendo en la práctica de negar la realidad. Si tú estás en esta posición, esto es lo que sugerimos:

> ⸙ Pregúntate (o pregúntale a Dios) si el bebé podría haber sido un niño o una niña.

> ⸙ ¿Cómo le hubieran puesto al bebé?

> ⸙ ¿Cómo hubiera sido?

> ⸙ ¿Qué hubiera logrado en su vida?

Cuando las mujeres meditan en esas preguntas, algunas han descubierto la realidad sorprendente y devastadora en sueños, en visiones o "simplemente lo saben". Y casi todas se han quebrantado para llorar en luto por su hijo perdido. "Porque la tristeza que es según Dios produce arrepentimiento para salvación, de que no hay que arrepentirse; pero la tristeza del mundo produce muerte" (2 Corintios 7:10). Con el llanto profundo han llegado la limpieza y la sanidad; y con el perdón el comienzo de una salud restaurada y autoestima.

Capítulo 6

SEÑALES MIXTAS: APRENDA *a* MANEJAR *la* SOBRECARGA EMOCIONAL

A MEDIDA QUE ESTABA ESCRIBIENDO ESTE LIBRO, mi computadora se pasmó porque le estaba dando demasiadas señales al mismo tiempo, y tuvo el buen sentido de no tratar de responderlas al mismo tiempo. Simplemente se rehusó a actuar hasta que no me detuviera un momento y comenzara de nuevo, una señal a la vez. Muchas veces he deseado que la computadora de nuestro ser interior fuera tan rápida para detenerse en respuesta a una sobrecarga y tan obediente a las nuevas instrucciones adecuadas después de unos instantes de descanso y reflexión.

Si persistimos en sobrecargar nuestros circuitos mentales, emocionales o espirituales sin tomar suficiente tiempo para ordenar, jerarquizar, resumir y orar, entramos en confusión. Y luego, si nos adelantamos a oprimir el botón de "imprimir", los mensajes ininteligibles que proyectamos fallan miserablemente en comunicar de una manera redentora lo que hay en nuestro corazón.

Incluso una sobrecarga de información positiva y valiosa puede tener un efecto negativo en las emociones de una persona. Hace algunos años alguien me abordó después de un congreso en el que John y yo habíamos enseñado lo que considerábamos los principios básicos de la consejería bíblica.

—¡Esto fue absolutamente maravilloso! ¡Más allá de mis expectativas! ¡Por primera vez siento que me han alimentado con una manguera de presión! –me dijo.

—¿Cómo te hace sentir? –le pregunté–. ¿Como si necesitaras eructar?

—Realmente no lo sé. Creo que temo que no podré recordarlo todo.

—No lo intentes. Ve a casa y haz algo absolutamente terrenal, algo divertido y relajante. Todo va a caer en su justo sitio, y lo vas a recordar cuando lo necesites. No necesita esforzarte demasiado. Si es importante, Dios te lo va a recordar".

—¡Está bien! –respondió.

La palabra que le di a esa persona fue recibida con una bienvenida de alivio. El consejo de relajarse y dejar que todo cayera en su sitio no encontró oposición porque sus sentimientos de ansiedad habían sido una reacción a demasiadas señales positivas. Pero cuando las señales negativas son las que vienen con el poder de una manguera de presión, para el receptor es extremadamente difícil acoger un mensaje de "páselo por alto en este momento".

Dejar a un lado tus sentimientos parece una invitación a la irresponsabilidad, o a la locura y a la destrucción, pero en realidad no es así.

Con respecto a la naturaleza y el lugar de los sentimientos

Para la mayoría de la gente, los sentimientos muchas veces representan falsamente la realidad objetiva. No entienden que nuestros sentimientos personales *solo* se relacionan con nuestras experiencias *subjetivas*, nuestras interpretaciones y respuestas. Nuestras experiencias son limitadas, nuestras interpretaciones matizadas y nuestras respuestas son influenciadas grandemente por lo que ya ha sido alojado en nuestro corazón: de una acumulación de tensiones corrientes sin sanar y sin desahogar, o quizá, incluso, de experiencias de nuestra infancia.

Cualquier cantidad de cosas pueden fácilmente afectar nuestros sentimientos: lo que comimos, qué tan bien dormimos, que época del mes es, si el hombre de nuestra vida nos ha besado recientemente y sinceramente, las veces que ha sonado el teléfono mientras estábamos tratando de preparar la cena, y la lista sigue.

Como mujer, cuando has quedado bajo la tiranía de los sentimientos negativos y alguien te dice que te concentres en algo más mientras tus emociones se calman, o mientras "tú te calmas", te hace sentir enojada y rechazada, ¿o no? Sientes como si la persona no quisiera entender el problema o si no te aceptara. La persona ha "cuestionado la validez" de tu percepción. Lo percibes como una falta de respeto por la manera en que te sientes, y te ofende todavía más.

Como has exaltado tus sentimientos personales a la posición de *verdad*, los defiendes y los alimentas, y por lo tanto, esos sentimientos pueden tomarte presa con facilidad. Cuando alguien te sugiere la necesidad de relajarte, que la situación no requiere tal intensidad, muchas veces te sientes acusada. ¿Cuántas veces has dicho o has escuchado a alguien decir?:

    ❧ "¿Cómo? ¿No crees que me deba sentir ofendida?"

♪ "¿No te enojarías si eso te sucediera a ti?"

♪ "¿Estás diciendo que estoy loca?"

Sólo tienes dos alternativas: esconder o negar tus sentimientos, además de suprimirlos y regodearte en ellos, o puedes exaltarlos, insistir, persistir... ¡y regodearte! Lo que sucede más a menudo es que las mujeres toman la segunda opción. Pero incluso si escoges la negación es solo cuestión de tiempo para que la presión de lo suprimido incremente hasta el punto de que hace erupción. El tiempo de regodearte en tus sentimientos malos es lo que incrementa la fuerza de la explosión, por el contrario, si no te fías de ellos ni los alimentas, el tiempo trae equilibrio y reposo.

Pocos que exaltan sus sentimientos pueden interrumpirlos con éxito, pero los que pueden apagar sus emociones muchas veces pierden la capacidad de sentir las emociones positivas que permiten que una persona experimente el sabor de la vida. Puedes caer en picada en una depresión si vas en cualquiera de estas direcciones.

¡Deja que tus sentimientos vivan!

Todos tenemos sentimientos. *Lo importante es aprender qué hacer con ellos.* Debemos permitirles a nuestros sentimientos que vivan. Aunque muchas veces fallen en representar la verdad objetiva, son buenos indicadores de lo que se ha alojado en nuestro corazón. Pero estamos en problemas si nuestra mente toma decisiones basándose solamente en lo que sentimos. El propósito de las emociones del corazón no es gobernar nuestra mente y dirigir nuestras acciones.

Porque *de dentro,* del *corazón* de los hombres, salen los malos pensamientos, los adulterios, las fornicaciones, los homicidios, los hurtos, las avaricias, las maldades, el engaño, la lascivia, la envidia, la maledicencia, la soberbia, la insensatez. Todas estas maldades *de dentro* salen, y contaminan al hombre.

Marcos 7:21-23, *ÉNFASIS AÑADIDO*

En otras palabras, debemos ser *renovados* en el espíritu de nuestra *mente* (Efesios 4:23). Con la mente renovada podemos ordenarle a nuestro corazón qué hacer con las emociones que sentimos, cómo actuar y cómo vestirnos "del nuevo hombre, creado según Dios en la justicia y santidad de la verdad" (Efesios 4:24).

John y yo hemos enseñado estos principios durante años, pensando que entendíamos lo que decíamos. Pero lo que habíamos conocido con nuestra mente, ahora se entiende mucho mejor con nuestro corazón.

Los sentimientos van a probar tus fundamentos

Hay temporadas en nuestra vida en las que los sentimientos se levantan y prueban nuestros fundamentos hasta que pensamos que vamos a reventar. La forma en que reaccionemos y manejemos nuestras emociones durante cada temporada es una prueba de nuestra constitución (si podemos llamarlo así). Nos muestra quienes somos en verdad.

Lucas 6:48 dice:

Semejante es al hombre que al edificar una casa, cavó y ahondó y puso el fundamento sobre la roca; y cuando vino una inundación, el río dio con ímpetu contra aquella casa, pero no la pudo mover, porque estaba fundada sobre la roca.

Hace algunos años John y yo llegamos de regreso a casa de un tiempo intenso de viajes y enseñanzas esperando encontrar descanso, pero fuimos golpeados con una serie de las situaciones más estresantes y perturbadoras emocionalmente que alguna vez tuvimos que enfrentar. Primero, descubrimos una crisis familiar que casi despedaza la vida de los miembros de nuestra familia, tanto física como emocionalmente.

John y yo descubrimos que éramos capaces de sentimientos poderosos que nunca habíamos conocido antes. Siempre habíamos sido capaces de identificarnos con las personas a las que aconsejábamos durante el proceso de consejería. Pero era un poco devastador y ciertamente humillante darnos cuenta de que podíamos odiar tan profundamente como amábamos, y que incluso ¡deseábamos matar!

Requirió una cantidad increíble de gracia y disciplina en oración, así como cada gramo de energía que teníamos, para tomar las decisiones necesarias de perdonar (Mateo 6:14-15), no solo una vez, sino en repetidas ocasiones durante un periodo extendido de tiempo a medida que las cosas empeoraban. Tuvimos que estirar nuestra fe tremendamente para poder seguir creyendo que el Señor podría sacar algo bueno de un desastre así. Aunque su obra todavía no termina, Él está poco a poco, con fidelidad, convirtiendo las cenizas en jardines en la vida de cada uno de los involucrados.

Mientras esto estaba sucediendo, tuvimos que despedir a un miembro del personal del ministerio por no arrepentirse de sus pecados. Algunas personas de la comunidad local, al no entender las circunstancias, se voltearon en nuestra contra. Luchamos con más sentimientos y tuvimos que tomar decisiones más agresivas para perdonar.

Al mismo tiempo, los ministerios de sanidad estaban siendo atacados por medio de libros. Nuestro ministerio, así como el de otras personas estaba siendo tergiversado y estaban torciendo nuestras palabras. De manera decepcionante, demasiados lectores no poseían suficiente información para desafiar estos errores o discernir lo que estaba sucediendo. Las ventas de nuestros libros cayeron de ser libros best seller a un tercio de sus ventas anteriores. También descubrimos que se nos debían miles de dólares en regalías, pero nos estaban negando el dinero. Más sentimientos, más decisiones. Más horas de oración de rodillas.

Pero los sentimientos con los que más tuvimos que luchar eran las heridas y el dolor por las muchas personas que ahora temían acercarse a nosotros a pedir ayuda por temor a meterse en algo que habían sido llevados a creer que podría ser erróneo o incluso del ocultismo.

Nos desilusionamos al encontrar una y otra vez que la mayoría de los cristianos que objetaban nuestras enseñanzas y las de otros estaban reaccionando por lo que habían escuchado ¡y no porque hubieran leído o escuchado de primera mano el material que estaban denostando y rechazando! Nos dolimos también por la división que se agravó en el cuerpo de Cristo.

¿DÓNDE ESTABA DIOS?

Admitimos que como los salmistas nos preguntábamos de vez en cuando dónde estaba el Señor mientras todo esto estaba sucediendo. Habíamos estado caminando con Él de la mejor forma que conocíamos. No teníamos falta de testimonios con respecto a las sanidades que el Señor había logrado a través de nuestro ministerio. ¿Estaba Dios apacentando a sus ovejas? Aunque mentalmente conocíamos la respuesta sumamente bien, nos encontramos batallando a nivel emocional.

Dios nos recordó que no nos había prometido guardarnos de todas las dificultades y que Él cuidaría de sus hijos y de su cuerpo partido. La Escritura dice que vendrán varias pruebas. Lo que Dios sí nos prometió es que Él estaría con nosotros *en* nuestras tribulaciones (Salmos 91:15). Al escucharlo durante nuestros tiempos a solas con Él, el Señor también nos dijo que a causa del libre albedrío, Él no puede evitar que nadie peque contra nosotros. Pero que Él nos pedirá cuentas a cada uno.

Pasamos mucho tiempo en oración, reconociendo nuestros sentimientos cada vez que salían a la superficie, y se los entregamos (crudos y en bruto) al Señor. Él es lo suficientemente grande para escuchar confesiones honestas sin caerse del trono).

Seguimos pidiendo su perdón por nuestro enojo y resentimiento, diciéndole que no sabíamos como consumar el perdón hacia los demás, pero que estábamos dispuestos a tomar las decisiones de todos modos y a confiar en que Él hiciera que nuestras decisiones fueran reales.

En obediencia, bendijimos a nuestros enemigos. Dios fue fiel entonces, y es fiel ahora. Nos bendijo más allá de nuestras expectativas. Satanás no pudo robarnos el gozo en el Señor, ni ha estorbado el proceso redentor de Jesús.

LA BATALLA EMOCIONAL ENTRE LOS SEXOS

Todos tienen sentimientos, pero la manera en que las mujeres manejan sus sentimientos difiere bastante de la forma en que los hombres los manejan. Durante este tiempo de estrés para John y para mí, aprendí la diferencia entre las emociones de los hombres y de las mujeres. Siempre me había preguntado por qué tantos hombres parecen desligarse emocionalmente en momentos de crisis.

Algunas veces me ofendía tanto que podía escuchar a mis entrañas gritar. Y al orar en intercesión, ocasionalmente podía sentir dolor físico, como si estuviera en las etapas finales de un parto. Pero ni siquiera sumando el dolor de dar a luz seis niños se parecía a lo que estábamos pasando en ese momento.

Cada vez que nos llegaba otro golpe de la paliza que estábamos recibiendo, sentía una nueva ola de dolor y nausea, y lloraba, por lo menos, por dentro. Por otro lado, John parecía siempre duro y en guardia. Por lo menos en la superficie, John parecía rudo y que no le afectaba. Pero yo sabía que era tan sensible y que le importaba tanto como a mí.

No obstante, mientras yo quería que fuera sólido *como* roca, no quería que *fuera* una. Quería que llorara conmigo, pero yo no podía entender por qué no podía o no quería. Cuando trataba de hablar con él con respecto a mis sentimientos, mis esfuerzos al parecer lo empujaban más profundamente detrás de las paredes de su retiro privado o al limbo de la televisión.

—John, discúlpame que no tenga una manera "correcta" de expresarme. Solo estoy desahogándome. No puedo "encontrarte", y necesitamos resistir juntos.

Silencio.

—¿John, dónde estás? ¿Qué estás haciendo ahí solo?

—Estoy pensando.

—¿En qué estás pensando?

—No sé. Todavía no estoy listo para hablar de eso.

—Me gustaría que me compartieras tus pensamientos tal y como están. Comparte el proceso conmigo.

Silencio.

Yo sabía que seguir presionando a John sería como golpear un traumatismo profundo. Así que le describí mis sentimientos al Señor y entendí que no podía esperar que John, que estaba tan herido como yo, hiciera lo que solo Dios podía hacer. Pedí consuelo y fuerza de espíritu para mi marido y me saturé con la Palabra de Dios, que es infinitamente sustancial y verdadera:

Busqué *a Jehová,* y *él* me oyó, y me libró de todos mis temores.

Salmos 34:4, *ÉNFASIS AÑADIDO*

No te impacientes a causa de los malignos [...] como la hierba verde se secarán. Confía en *Jehová,* y haz el bien [...] y *él* te concederá las peticiones de tu corazón. Encomienda a *Jehová* tu camino, y confía en *él;* y *él* hará. Exhibirá tu justicia como la luz, y tu derecho como el mediodía. Guarda silencio ante *Jehová,* y espera en *él.* No te alteres con motivo del que prospera en su camino [...] Deja la ira, y desecha el enojo [...].

SALMOS 37:1-8, *ÉNFASIS AÑADIDO*

Me dije a mí misma:

¿Por qué te abates, oh alma mía, y te turbas dentro de mí? Espera en Dios; porque aún he de alabarle, salvación mía y Dios mío.

SALMOS 42:5

Al principio sólo estaba decidiendo y persistiendo en la disciplina porque tenía que hacerlo. En el proceso, Dios hizo que su presencia fuera real para mí. Sé que John a su manera estaba haciendo lo mismo.

La persona de nuestra familia involucrada en el problema, en la intensidad y confusión de su vida echa pedazos, tuvo que hacer lo mismo. Pudo compartir algunos sentimientos con seres queridos que la escucharon y oraron por ella. Pero nadie más que Dios podía llegar al centro más profundo de la terrible herida, del dolor, de la inseguridad, de la soledad y de la ansiedad que durante un tiempo amenazaron con arrastrarla a la locura.

A pesar de sus sentimientos, se esforzó por persistir en una disciplina de decidir hacer lo que ella sabía que la pondría en posición de recibir de parte del Señor. Aunque sus cimientos emocionales parecían desmoronarse, y su mundo se estaba haciendo pedazos a su alrededor, seguía asistiendo a la iglesia. Asistía a un grupo en casa, enseñaba en una clase dominical, leía la Palabra y oraba. En el proceso, Dios Padre se manifestó con dones de fuerza para resistir, gracia para perdonar, misericordia para llevarla al arrepentimiento y verdadero poder redentor.

La pregunta persistía: ¿Por qué nosotras, como mujeres podíamos expresar nuestros sentimientos con mayor facilidad que John? ¿Por qué esta diferencia entre los hombres y las mujeres se manifiesta con tanta frecuencia para provocar malos entendidos que duelen y frustración?

Aprendí la respuesta para la diferencia emocional entre los sexos hace muchos años al escuchar una entrevista reveladora conducida por el Dr. James Dobson con el Dr. Donaldo Joy, quien estaba dando a conocer lo concerniente a una investigación que se estaba llevando a cabo en los hemisferios izquierdos y derechos del cerebro de hombres y mujeres.[1] La investigación sugería que los hombres usan el hemisferio izquierdo de su cerebro (que es el lado analítico y lógico), mientras que las mujeres tendían a usar principalmente el hemisferio derecho de su cerebro (que es el lado creativo y emocional).

¡Como mujeres, nos podemos sentir tan solas cuando no se le presta atención a esa parte importante de nuestra estructura emocional!

SER ORIENTADO A LLEVAR A CABO VARIAS TAREAS AL MISMO TIEMPO CONTRA TENER UNA MENTE DE UNA SOLA VÍA

Recuerdo bien los años en los que nuestros hijos estaban creciendo y yo estaba ocupada como la esposa del pastor. El timbre y el teléfono competían casi permanentemente con los niños por mi atención. Nunca sabía en qué momento llegaría la crisis de alguien a mi puerta, o cuando teníamos que estirar la cena para alimentar a alguien que tuviera hambre de comida y de cuidado tierno y amoroso.

Nuestro patio trasero casi siempre estaba lleno de los hijos de los vecinos, al punto de que riéndonos (casi todo el tiempo) amenazábamos con poner un letrero que dijera: "Jardín Público; Todos Son Bienvenidos". Siempre tenía que estar preparada para una invasión espontánea de pequeñuelos que siempre necesitaban tomar agua o ir al baño. Los adolescentes de la iglesia con frecuencia llegaban después de la escuela y se quedaban para conversar un rato.

Las reuniones de oración y las reuniones de jóvenes solían llevarse a cabo en nuestra casa, principalmente porque no podíamos darnos el lujo de una niñera. El domingo parecía cualquier cosa excepto un día de reposo para nosotros, y algunas veces teníamos que decirles que "no" a los que llamaban el lunes suplicando: "Sabemos que es su día de descanso, pero me estoy muriendo". El "tiempo libre" ni siquiera era parte de mi vocabulario.

Algunas veces John venía a casa, reconocía cierta mirada de cansancio en mí y decía: "Querida, te ves cansada. Sería mejor que saliéramos a comer fuera esta noche". Como soy una persona práctica y ahorradora le respondía: "Eso sería fabuloso, John, pero no podemos darnos ese lujo".

Lo que en realidad estaba diciendo era que estaba contenta de que notara lo cansada que estaba y que aunque estaba consciente de las limitaciones de nuestro presupuesto, yo esperaba que él tuviera más consideración de mí que del presupuesto (¡McDonald's me secundaba cien por ciento en ello!). Yo *quería* que él presionara más allá de mi protesta para persuadirme a recibir la bendición de su obsequio porque me amaba.

Una vez John me preguntó: "¿Por qué no solo dices lo que quieres?". Respondí: "¡Porque se supone que ya sabes!".

Él se quedó confundido. Era difícil para él entender por qué decirle lo que quería en realidad echaba a perder la bendición de su obsequio. ¡Se suponía que yo debería saber que él me amaba sin importar que pensara decírmelo o no!

Cada uno tuvo que reconocer muchos hábitos de pensar y sentir en términos de "*se supone*", morir a nuestras exigencias y creer que hemos sido elegidos y valorados por el otro a pesar de nuestras disparidades en percepción y reacción. Tuve que aprender a no tomar su lógica "fría" de manera personal, lo cual en ocasiones me parecía irrespetuosa y que ofendía mi sensibilidad.

A lo largo de los años he llegado a apreciar la habilidad de John para ayudarme a ordenar y poner en su lugar el caudal algunas veces casi abrumador de sentimientos con sus patrones de pensamiento peculiarmente masculinos. Y él, por su parte, ha aprendido a recibir con respeto mis percepciones, que aunque suelen ser ciertas, algunas veces carecen de una premisa consciente y explicable.

Como soy mujer podía cocinar la cena, hablar por teléfono, abrazar a un niño si pasaba cerca de mí en la cocina y estar cuidando al bebé que se había dirigido por la puerta abierta a las escaleras. Mi amado esposo "hemisferio izquierdo" suele enfocarse solo en una cosa a la vez.

Es, en cierto sentido, una bendición que pueda evadirse por completo de todo ruido y movimiento para leer, orar, escribir y crear con extrema concentración. Pero si no hubiera estado cerca para recibir y atender la multitud de señales que él había descartado, nuestra familia podría haberse visto en problemas.

Me solía molestar bastante con John cuando se ocupaba tanto en lo que estaba haciendo que no podía escuchar o ver lo que nuestros hijos estaban haciendo. Pensaba que él estaba siendo negligente a causa de un sentido de prioridades dañado o subdesarrollado. Cuando nuestro hijo mayor, Loren, tenía un año de edad, decoró exuberantemente nuestra sala de estar con talco mientras su padre estaba en la misma habitación leyendo. Al volver al departamento, grité en alta voz: "¿John, cómo no *pudiste* ver lo que estaba haciendo?".

Ahora, como abuelos, somos más viejos y más sabios. Cuando John cuida a los nietos, eso es exactamente lo único que hace: los *cuida*.

El problema con las
conversaciones superficiales

Las mujeres, a menudo, hablan entre sí de lo que todos ya saben, y si no se vuelve una conversación eterna, disfrutamos la conversación. Los hombres no lo pueden entender. Incluso quizá se sientan ofendidos si una mujer persiste en darles información que, a su manera de pensar, no contiene nada nuevo o edificante. Les parece una pérdida de tiempo o la repetición sin fin de historias que rayan en el chisme. Quizá lo digan y con ello hieran seriamente la sensibilidad de las mujeres que aman.

Muchos hombres tienden a aburrirse y a perder la paciencia con narraciones detalladas que no parecen ser el asunto central. La mayor parte del tiempo no entienden que cuando hablamos comunicamos más que solo mensajes verbales. Quizá solo estemos desahogando nuestro estrés. Pero suele suceder que nos estamos sintonizando entre nosotras debajo de los mensajes, compartiendo detalles de cómo nos sentimos y formando puentes emocionales y parámetros para las relaciones.

Las palabras habladas quizá solo sean vehículos de lo que en realidad se esta dando o recibiendo de corazón a corazón o de espíritu a espíritu. No estoy completamente segura de si todas estamos conscientes de esta dinámica. Simplemente lo hacemos. Pero tengo la certeza de que nos ofendemos profundamente cuando los hombres que amamos al parecer nos critican o nos ridiculizan; incluso aunque sean comentarios graciosos o salpicados de cariño. Comprender que los hombres funcionan de una forma emocional distinta a las mujeres, y que en muchos aspectos somos un misterio para ellos, nos debería ayudar a no recibir cada comentario que tenga un tono negativo como crítica personal o rechazo.

Dios ha diseñado y preparado a los hombres y a las mujeres no para pelear, sino para apreciar, bendecir y equilibrarse unos a los otros con sus diferencias. ¿Y cómo hacemos eso? Necesitamos caminar en una disciplina:

1. Reconocer nuestras diferencias básicas sin adjudicarles un valor o juicio. Dios sabía lo que estaba haciendo cuando nos hizo de la manera en que nos hizo.

2. Morir a nuestras exigencias de que la otra persona deba pensar y sentir como nosotras. Si los hombres y las mujeres fueran semejantes, sería cómodo, pero ciertamente sería aburrido. Y perderíamos el valor del principio de equilibrio.

3. Decidir perdonar cuando otros nos traten de manera insensible. ¿No es eso lo que las mujeres esperan de los hombres? Con el tiempo, obtenemos lo que damos (Mateo 6:14-15; Gálatas 6:7; Mateo 7:1-2). Necesitas saber que no podemos hace que se dé el perdón. Esa es responsabilidad de Dios. Nuestra responsabilidad es tomar la decisión una y otra vez. La falta de perdón en nuestro corazón es como un veneno que va a contaminar a otros y finalmente nos va a destruir. También es una fuerza que tiñe nuestra perspectiva y que evita que reconozcamos los intentos del otro por cambiar para bien. Y es una semilla sembrada que va a hacer que cosechemos lo mismo.

4. Decirle a Dios de inmediato cómo nos sentimos acerca de una herida u ofensa. Haz esto en una "oración instantánea" antes de que la emoción tenga la oportunidad de alojarse en tu corazón. Él es suficientemente grande para manejar toda la fuerza de nuestras emociones iniciales sin censura, sin orden, sin embellecimiento. Nuestro cónyuge, nuestros hijos, nuestros amigos y compañeras probablemente no. Quizá digas: "¡Pero yo no soy cristiana! Ni siquiera estoy segura de que Dios sea real, y si Él fuera real, ¿por qué debería escucharme?". No importa, haz esto de manera constante durante un periodo, ¡y ve como todo cambia!

5. Pedirle a Dios que dé su mejor respuesta a través de nosotras. Quizá sea el silencio. Puede ser una palabra suave. Probablemente sea una disculpa, una explicación o una confrontación. Incluso podría ser la decisión de pasar tiempo lejos de la persona. Lo importante es que si sometemos nuestra respuesta carnal a Dios sin defender nuestra propia justicia, le estamos dando la oportunidad de expresar una palabra o una acción redentora por medio de nosotros que, por medio de su Espíritu, posiblemente pueda contribuir a la sanidad y la reconciliación, y a la edificación de la relación.

Si sigues luchando sin éxito en los mismos aspectos, quizá sea necesario algo más profundo. Sería sabio que hablaras con una consejera cristiana acerca de las posibles causas o *raíces* para el fruto que ha sido producido en repetidas ocasiones en tu vida:

No es buen árbol el que da malos frutos, ni árbol malo el que da buen fruto.

Lucas 6:43

Quizá experimentaste heridas durante los años de tu formación (antes de cumplir seis años), por medio de los cuales se han almacenado temor, resentimiento y amargura en tu corazón. Esto quizá te mantenga en cautiverio, dándole forma a tus respuestas actuales a las ofensas e impulsándolas. Quizá estas heridas perpetúen maneras infantiles de pensar, de sentir y de actuar, y, por lo tanto, eviten que tomes decisiones que quieras tomar y llevarlas a cabo.

Parada en tierra inestable

—Hola Mary, ¿qué hay de comer? –dice George al entrar y hundirse en su sillón favorito para ver la televisión.

—¿Cómo te fue hoy, George? –responde Mary.

Él no contesta.

Ni siquiera me besó cuando llegó; eso hubiera estado bien, pero viene cansado. No importa, se sentirá mejor después de cenar.

Mary llama a sus cuatro hijos entusiasmadamente hambrientos que juegan en el patio.

—Niños, vengan y lávense las manos... ¡la comida está lista! ¡George, la cena está lista!

Al pasar por la puerta trasera, el más chico se tropieza y queda aplastado bajo la multitud de sus hermanos mayores.

—¿Estás bien, mi amor? –lo consuela Mary y le da un beso en la cabeza–. Niños por favor tengan cuidado con George, Jr.

Cuando los niños vuelven a correr, esta vez hacia la mesa, el pequeño Joe se las arregla para tirar al suelo un vaso de leche.

—Joe, te he dicho mil veces que por favor no te apresures. Todos van a poder comer, incluyéndote a ti. Ahora, ¿dónde está su padre?

Una vez que Mary limpia el piso, grita de nuevo:

—¡George, la comida está lista!

—Ya voy –contesta George.

—George, ya todos están listos. ¿Qué no oíste que te llamé?

—Voy en un minuto. Están en la yarda cinco.

—George, los niños tienen hambre. Estamos sentados a la mesa y la comida se está enfriando. Por favor, ¿podrías venirte ya?

—¡*Dije* que ya voy!

Pasan un par de minutos.

—¿George vas a venir? ¿Empezamos a comer sin ti?

—¡Mary, déjame en paz! Estoy cansado y no necesito que estés detrás de mí.

En este momento, Mary está siendo golpeada con todo tipo de señales emocionales:

§ *¿Piensa que él es el único que ha trabajado todo el día? ¿Me encantaría perderme así en la televisión de vez en cuando, pero quién cuidaría de los niños?*

§ *Lo llamé con suficiente anticipación. Los niños me oyeron desde el patio, ¿qué está sordo?*

§ *¿Para qué hago una buena cena caliente si se va a enfriar porque él quiere ver una jugada más? Lo van a repetir en las noticias de la noche de todos modos.*

§ *¿Qué no se da cuenta del tipo de ejemplo que le está dando a los niños?*

§ *¿Qué no sabe lo que le está comunicando a los niños? ¿Qué tan importantes son ellos después de todo? ¿Qué les pasó a las prioridades?*

§ *¿Por qué tiene que contestarme así frente a los niños?*

Con todo el vapor que genera su punto de ebullición interior de juicio, falta de perdón y amargura alojado en su corazón, Mary exagera su respuesta y con enojo grita: "¿Por qué siempre tienes que tardarte para venir a la mesa?".

En este momento Mary está tan invadida por sus propios sentimientos que no puede discernir la situación o controlar sus emociones.

¿Qué debe hacer Mary, o en tal caso, que debe hacer George?

Esta es una historia ficticia, pero probablemente cualquier persona podría sustituir su nombre por el de Mary o el de George.

¡Jesús ya lo hizo por ti!

El ejemplo de cómo las señales que Mary estaba recibiendo desataron su reacción es la clave para mostrarnos algo mayor. Las actitudes básicas y los sentimientos que se vuelven compulsivos están formados de fracturas en nuestros cimientos emocionales y espirituales. Las malas noticias son que las presiones a largo plazo sobre estos cimientos hacen que la casa se desmorone. Si Mary no aprende a tratar con los problemas debajo de este asunto, podrían eventualmente provocar problemas severos en su matrimonio y en su vida familiar. Las buenas noticias son que Jesucristo puede volver a echar, y a renovar nuestros cimientos si se lo permitimos.

En Lucas 6, Jesús les dio un mensaje a sus discípulos. Habla acerca del mal saliendo del *tesoro del corazón:* "[...] el hombre malo, del mal tesoro de su corazón saca lo malo; porque de la abundancia del corazón habla la boca" (Lucas 6:45). Luego, reprende a sus discípulos por llamarlo "Señor, Señor", sin la disposición de *cavar profundamente* y echar un *cimiento* sobre la roca para una casa que resista en medio de una inundación torrencial (vv. 46-49)

Muchos cristianos se alegran de ser nuevas criaturas y se resisten a la idea de que ahora tengan algo en el corazón con lo cual tratar. No obstante, luchan y a menudo fallan en vivir la vida y la fe que profesan. La Palabra de Dios es clara:

> Sabiendo esto, que nuestro viejo hombre fue crucificado juntamente con él, *para que el cuerpo del pecado sea destruido,* a fin de que no sirvamos más al pecado. Porque el que ha muerto, ha sido justificado del pecado.
>
> Romanos 6:6-7, *énfasis añadido*

Lo que Pablo está diciendo aquí es que "el cuerpo del pecado" (o nuestro cuerpo pecaminoso) está formado no solo de ideas y acciones pecaminosas que hemos cometido, sino de *todos* los viejos hábitos y prácticas que construimos antes de volvernos nuevas criaturas. Quizá seamos "nuevas criaturas", pero todo lo que hemos conocido se basa en lo que hemos experimentado en la vida. Así como un bebé aprende primero a gatear antes de caminar, necesitamos practicar nuevos motivos y modos de operar.

En momentos podemos frustrarnos, pero es la única manera que conocemos para obtener nuestra meta. Algunas veces tratamos de adelantarnos, y terminamos cayendo de bruces, lo que nos deja traumatizados emocionalmente, aunque sea por un momento. Así que nos volvemos a una manera que es más cómoda para nosotros, una que nos hace sentir como si estuviéramos en control. El punto es dar pequeños pasos para obtener fuerza y confianza hasta que podamos correr la carrera con perseverancia.

El apóstol Pablo sabía que necesitaba crecer y madurar en la plenitud de quien era:

> No que lo haya alcanzado ya, ni que ya sea perfecto; sino que prosigo, por ver si logro asir aquello para lo cual fui también asido por Cristo Jesús.

> FILIPENSES 3:12

Él vivió y nos animó a todos a vivir en una disciplina en la que digamos que "no" a los caminos antiguos, familiares y seductores, y ofrecernos al Señor para tener el poder de tomar una nueva opción.

> Así también vosotros consideraos muertos al pecado, pero vivos para Dios en Cristo Jesús, Señor nuestro. *No reine, pues, el pecado* en vuestro cuerpo mortal, de modo que lo obedezcáis en

sus concupiscencias; *ni tampoco presentéis vuestros miembros al pecado* como instrumentos de iniquidad, sino *presentaos vosotros mismos a Dios* como vivos de entre los muertos, y vuestros miembros a Dios como instrumentos de justicia.

Romanos 6:11-13, *ÉNFASIS AÑADIDO*

Esta disciplina es necesaria en el devenir diario. Pablo dijo: "[...] *cada día* muero" (1 Corintios 15:31, *énfasis añadido*).

Con Cristo *estoy juntamente crucificado,* y ya no vivo yo, mas vive Cristo en mí; y lo que ahora vivo en la carne, lo vivo en la fe del Hijo de Dios, el cual me amó y se entregó a sí mismo por mí.

Gálatas 2:20, *ÉNFASIS AÑADIDO*

¡Qué equilibrio emocional y descanso podemos disfrutar cuando hemos reconocido, confesado y crucificado las principales señales de amargura del pasado!

Capítulo 7

CÓMO SOBRELLEVAR
la ADICCIÓN *de un* SER AMADO

S I TU CÓNYUGE O UNO DE TUS HIJOS ES ADICTO a las drogas o al alcohol, conoces el dolor de la devastación total, no solo en ti, sino que ese abuso también llega a *toda* la familia. Has pasado por toda la gama de emociones: herida, desilusión, enojo, culpa, pérdida, soledad; y no tienes idea de a quién acudir o qué hacer.

Aunque personalmente no sé lo que es vivir con un esposo o con un hijo adicto, John y yo tenemos muchos años de experiencia como consejeros y hemos ministrado a muchas personas en esta área. En este capítulo, voy a compartirte las historias de dos personas a las que hemos aconsejado, seguidas de lo que pido a Dios sean consejos útiles para ti que caminas por este valle.

Si vives con un esposo alcohólico

Ken y Donna Campell han formado parte integral de nuestra vida personal y laboral durante bastante tiempo, y estamos sumamente agradecidos con Dios por eso. John y yo hemos caminado con ellos a través de los momentos más profundos y más oscuros de su vida. Hoy son una hermosa pareja que ministran a los demás, pero no siempre fue así.

El matrimonio de Ken y Donna no comenzó bien. Mientras él estaba en la universidad, ella vivía en casa de sus papás y Donna y Ken solo estaban juntos los fines de semana. Ella provenía de un hogar amoroso donde se expresaba el cariño, pero él vivió en una familia en la que las emociones y el cariño se expresaban con reserva. Para él era difícil mostrar sus emociones y pocas veces compartía sus sentimientos con alguien.

De niña, Donna había sufrido abuso sexual lo que le llevó a tener una autoimagen pobre y baja autoestima. Más tarde, cuando conoció a Ken, él era amable y tímido, lo que la hacía sentir segura, pero una vez casados ella se sentía inhibida sexualmente a causa de su experiencia de la infancia, lo que provocó que fuera infeliz y tuviera problemas con Ken.

Después de que Ken se graduó de la universidad, se mudaron a una casa lejos de sus padres. Pero él ahora comenzó a trabajabar como vendedor itinerante, y hacia viajes repentinos con frecuencia, dejándola sintiéndose sola e insegura.

Los dos se dedicaron de lleno a sus trabajos, se quedaban hasta muy tarde y estaban más que fatigados cuando tenían tiempo para estar juntos. Los fines de semana los pasaban haciendo los quehaceres de la casa. No compartían realmente, no se divertían y su comunicación se estaba viendo afectada seriamente.

Donna se permitió ser vulnerable lo cual finalmente la llevó a una aventura.

Cuando Ken se enteró de su infidelidad estaba destrozado. Su primer pensamiento fue divorciarse de ella, pero luego decidió quedarse y resolver la situación. Sin importar lo mucho que se esforzaban no podían llegar más allá de la superficie. No podían entender cómo raíces profundas de temor y de inseguridad los estaban alejando.

Se mudaron varias veces ya que él seguía trabajando como vendedor. A ken le dieron una cuenta de gastos y le pidieron que "socializara": que se inscribiera en clubes para hombres con el fin de fomentar cuentas.

Finalmente, regresaron a su pueblo natal donde Ken aceptó el puesto de gerente en una empresa de ahorros y préstamos. Ahora era *requisito* pertenecer a todos los clubes sociales que pudiera para hacerse de renombre en la comunidad. Trabajó duro y obtuvo gran éxito con ello, pero en el proceso parte de los "pendientes" era llevar a los muchachos (compañeros de trabajo y clientes) al bar a conversar un poco. Pronto se convirtió en algo más que solo socializar. Ken comenzó a gratificarse después de cada día de trabajo deteniéndose en el bar para relajarse. Con el correr del tiempo, las paradas se hicieron más frecuentes, y se volvió adicto al alcohol.

Por el tiempo en que su tercer hijo nació, Ken estaba bebiendo *demasiado*. Esto dejaba a Donna sintiéndose enojada, abandonada y traicionada. Se resintió tanto que llegó a odiarlo; ni siquiera quería que Ken la tocara.

Las emociones de Donna y su vida matrimonial se estaban saliendo de control. Pero providencialmente llegó un nuevo comienzo (fue durante esta época que los conocimos).

Ken estaba bebiendo más pesadamente, y Donna pasaba incontables horas frente a la ventana esperándolo a que volviera a casa.

¿Por qué bebe gastándose el dinero?, se preguntaba. Su mente giraba con pensamientos como: *¿Con quién anda? ¿Ya no le intereso? De seguro hay alguien que le gusta más que yo. ¿Para qué estoy aquí? ¿Para que soy buena? Si me fuera, ¿como mantendría a mis cuatro hijos?*

Como sus pastores, John y yo ministrábamos a Ken y a Donna por separado; algunas veces también los ministramos como pareja. John llegó a ser como el padre que Ken nunca tuvo, y después de la muerte de la madre de Donna, me convertí en una figura maternal para ella.

Cuando el esposo de alguien se vuelve a las drogas o al alcohol la persona experimenta una herida emocional similar a la herida que produce la infidelidad. Ella quizá se sienta sola, reemplazada, violada y enojada, como en el caso de Donna. Así que cuando se acerca un consejero del sexo opuesto y ofrece ayuda, consuelo, fuerza, comprensión y afecto paternal, es natural que la persona herida experimente una transferencia de afecto hacia el consejero. Como sus consejeros y pastores, John y yo tuvimos cuidado de establecer límites dentro de los papeles de consejero-aconsejado y mantener la integridad de la relación, a medida que seguíamos brindando nuestro amor, apoyo y oraciones.

Ken había dejado el negocio bancario para incursionar en los bienes raíces; tenía dos oficinas y le estaba yendo bastante bien cuando el desastre cayó sobre Silver Valley en North Idaho. Una gran empresa había comprado la mina y la fundición local de plata, plomo y cinc, pero luego el negocio desangró las finanzas de la empresa de tal manera que la cerraron. La economía de la zona se fue a pique y los bienes raíces apenas y podían moverse. Ken se las arregló tanto como pudo, finalmente perdió su negocio y fue forzado a declarar bancarrota. Terminó devastado y humillado.

Comenzó a golpearse emocionalmente a sí mismo una y otra vez: "¿Por qué no me dejó Donna hace años?". Ken comenzó a clamar a Dios sinceramente desde el fondo del agujero negro en el que estaba. Perdieron todo.

Pasé mucho tiempo con Donna, dejando que llorara en mi hombro y orando con ella por la condición de Ken. También la ayudé a reconocer sus habilidades, su belleza natural y su valor como esposa y como madre.

También llegó a reconocer que Ken tenía habilidades que ella podía admirar.

Nuestras dos familias se volvieron muy unidas, y Ken y Donna podían ver que los amábamos. Con suavidad, pero con firmeza, le advertimos acerca de las bendiciones que estaba desperdiciando cuando bebía. Fuimos cuidadosos de mantenerlo a cuentas sin crucificarlo. Nunca dejamos de orar que el Señor lo liberara.

Poco después las cosas llegaron a un punto de recuperación. Ken fue llevado a casa por la policía a las cinco de la mañana. Le habían dado un citatorio por conducir ebrio; su licencia fue severamente restringida de manera que no se le permitía conducir de noche, Ken tuvo que servir los fines de semana en la cárcel, y Dios hizo algo durante ese tiempo: la relación de Donna y de Ken comenzó a cambiar, y comenzaron a hablar y a compartir de nuevo.

Luego, repentinamente, Ken sufrió un ataque cardiaco masivo. Fue la última etapa de quebrantamiento por la que tuvo que pasar. Mientras estuvo en cuidado intensivo durante seis semanas, Donna se dio cuenta de lo mucho que lo amaba. Ella comenzó a ver su relación desde una perspectiva totalmente distinta. Oró sinceramente: "Señor, salva su vida. De seguro tienes algo mucho mejor planeado para nosotros que lo que sabemos o hemos visto".

Dios no solo sanó el corazón de Ken físicamente, sino emocionalmente y espiritualmente. Su problema con la bebida (y con el cigarro, fumaba varias cajetillas al día) se detuvo sin un problema de abstinencia.

A pesar de todo el enojo y frustración de Donna, ella sabía que no podía darse el lujo de guardar ningún tipo de resentimiento ni siquiera por un momento.

Sí, duele perdonar, pero Dios puede envestirte de un poder divino para resistir. Puedes decidir perdonar, pero no puedes cambiar a nadie. Esa es responsabilidad de Dios. El enemigo quiere que como creyente te enfoques en la culpa y en la vergüenza del pasado. Una vez que te hayas arrepentido de tus pecados pasados y hayas perdonado a los que te han lastimado, enfócate en el poder redentor del Señor.

Ken y Donna se dieron cuenta de que, cuando John y yo los ministrábamos, era por medio de la dirección del Señor y con su cuidado y amor. El Señor nos ha unido y ha construido un cimiento que va a durar para siempre.

En esencia, esto es de lo que se trata el Cuerpo de Cristo.

LA HISTORIA DE ANA:
LA VIDA CON UN PADRE ALCOHÓLICO

(El nombre de Ana fue cambiado a su solicitud. Les relato la historia tal y como ella me la narró.)

"Hay muchas cosas que no puedo recordar con claridad de mi niñez; en parte porque ya soy mayor ahora, y en parte porque suprimí muchos recuerdos dolorosos de pequeña, pero principalmente porque he experimentado mucha sanidad a lo largo de los años.

"Mi padre era un alcohólico, aunque nunca lo admitió. Mi madre decía que siempre había sido un bebedor. Era tan sensible al licor que podía ponerse alegre solo de olerlo. Todas sus hermanas eran alcohólicas y su hermano pudo haber seguido la línea de la familia si no hubiera sido por sus fuertes creencias bautistas.

"Pero mi madre siempre le cubría las espaldas a mi papá. Podía estar cayéndose de borracho y ella decía que tenía un fuerte dolor de cabeza o nos decía que no había llegado a casa porque se había caído una vaca en una zanja. Si se caía de la silla en la mesa, ella en silencio lo llevaba a la alcoba. Pero siempre actuaba como si todo estuviera bien y nadie hablaba del asunto.

"Seguíamos haciendo lo que estábamos haciendo como si nada hubiera pasado. De niña, yo aparentaba que él no estaba borracho. No puedo recordar un solo día festivo en que mi papá no estuviera bien borracho.

Se iba a algún lado, y el resto de la familia seguía adelante con la celebración sin él como si todo estuviera bien. Creo que mi madre pensó que era más fácil ignorar el problema que hacer un escándalo de vivir con un esposo que estaba en la negación completa. Sé que desarrollé el fuerte hábito de suprimir mis emociones.

"Mi papá nunca nos maltrató. Adoraba a mi madre. Sus trasfondos familiares eran bastante diferentes. Él había crecido en una granja. Ella había sido educada en música en Chicago y había cantado con las Lili Pons, y estaba lista para hacer su debut profesional como cantante cuando conoció a mi padre y se enamoró de él. Si alguien hubiera cuestionado su decisión en ese tiempo preguntándole: "¿Qué tiene de malo ese muchacho?", ella hubiera contestado con algo como: "¿Qué tiene de malo un banco de piano?".

"Mi papá se consideraba un hombre que se había sacado adelante a sí mismo. En muchas maneras era un hombre bueno y moral. Decía ser cristiano y era el ujier principal y anciano de la iglesia. Pero en casa solía estar borracho, tropezándose con estiércol de vaca en el granero.

"Estar con él era como relacionarse con dos personas totalmente distintas. Sobrio, podía ser encantador y amable. Pero cuando estaba borracho, no podía aguantarlo, y no me *simpatizaba* en lo más mínimo. Eso me molestaba. Oré y el Señor me dijo que estaba bien, mientras lo *amara*.

"Aunque mi padre nunca nos maltrató, trataba a los animales horriblemente. De seguro, hacia caer todas sus frustraciones sobre ellos. Un día cuando tenía como ocho años, entré al granero y sorprendí a mi padre ¡clavándole un trinche a una de nuestras vacas! Me enojé tanto que le quité el trinche me puse entre él y la vaca y le grité: "¡Si no te vas de aquí en este momento te voy a clavar esto!".

"De adulta, nuevamente me puse entre mi padre y los animales, ¡y esta vez lo derribé de un golpe en mi enojo feroz! No me gustó pegarle a mi padre, pero cuando estaba borracho y maltratando a los animales, no lo podía ver como "padre", su personalidad cambiaba radicalmente. Sentí como si hubiera golpeado a otra persona completamente distinta que era una amenaza para todos nosotros y que tenía que ser detenido por alguien.

"Puedo recordar muchas ocasiones en las que vi a mi padre irse al granero y regresar como un hombre de gelatina, desintegrándose frente a mis ojos. Me sentía confundida, asombrada y herida.

"Si estaba avergonzada no lo sabía. No estaba atemorizada conscientemente. Quizá porque mi enojo sobrepasaba mi miedo.

"¡Adondequiera que íbamos estaba *contenta* de que no estuviera con nosotros!

"Ya de adulta, mi padre insistía en que había dejado de beber totalmente. Pero seguía saliendo de "viaje", y yo sabía que seguía atado al licor. Mis sospechas fueron confirmadas un día cuando estaba trabajando en el jardín y encontré botellas de vino, de whiskey y de combustible para cocinar (llamado "calor enlatado") escondidas en la tierra entre las flores. Nunca pude confiar en él o descansar en él.

¿De qué manera afectó mi vida todo esto?

"Sé que probablemente soy tan vulnerable al alcohol como cualquiera en mi familia, pero esocogí no tomar ese camino. Siempre tuve problemas con el estrés. Tengo mucha creatividad y disfruto haciendo muchas cosas. Pero tiendo a involucrarme demasiado. Tomo demasiada responsabilidad emocional, y luego sufro de dolores de cabeza severos y de urticaria en todo mi cuerpo.

"El matrimonio para mí fue una serie de decepciones y desastres. Cuando mi hija menor tenía ocho o nueve sufrí un colapso nervioso y me dieron tratamiento con electrochoques. La sanidad comenzó a venir después de los tratamientos, pero mi doctor me dijo que fue mi fe lo que me había ayudado a recuperarme.

"Amo al Señor, y Él ha obrado a través de mí fielmente, incluso de manera milagrosa en ocasiones, para sanarme, Una vez todos esperaban que muriera, pero sorprendí a todos, incluyendo a mi médico, con una recuperación radical e "imposible". ¡Creo que Dios tiene más cosas que hacer conmigo aquí en la tierra!

"Mi hija siempre ha sido un regalo de sanidad para mí de parte de Dios. Ella nunca actuó como un niño. Cuando estaba creciendo, tenía una cualidad especial de sabiduría, empatía y compasión que me brindaba con amor. Busqué una buena iglesia en la que pudiera relacionarme de una manera cercana y personal con Dios y su pueblo.

"Cuando mi hija se casó, ella y su esposo me ministraron profundamente. No recuerdo qué pasó cuando oraron por mí, creo que me desmayé, pero ¡fue poderoso! Después de eso comencé a recibir grandes dosis de sanidad y experimenté toneladas de bondad, También tuve la experiencia vívida de haberme sentado en el regazo de Dios. Nadie me ha abrazado así. Estoy agradecida por la abundancia de sanidad que he experimentado. Pero Dios no ha acabado conmigo todavía. En su sabiduría me ha dejado con un "barómetro" y me ha dado protección por medio de mis seres queridos. Cuando me han estado estimulando demasiadas actividades y preocupaciones, encendiendo mi sensible y sobretrabajado sistema nervioso, la tensión se acumula y comienzo a sentir una urgencia frenética por controlar mi mundo.

"Le pongo atención a los síntomas y me retiro al silencio de mi habitación. Allí puedo pasar tiempo privado de restauración con mi Padre celestial, quien todo el tiempo es el mismo Padre confiable, fuerte, comprensivo, gentil y ministrador, ayer, hoy y siempre. Y cuando falló en ponerle atención a las señales, mi familia me recuerda con una suave y amorosa firmeza: 'Abuela es momento de que te vayas a tu habitación'."

Aunque mi padre y mi madre me dejaran, con todo, Jehová me recogerá.

SALMOS 27:10

Cómo resistir y vivir con un alcohólico

Las historias de Donna y Anna son testimonios sobresalientes de como Dios puede voltear las cosas para bien. No sucede de la noche a la mañana; algunas veces hay que pasar por un proceso. Pero cuando genuinamente entregamos todo a su cuidado, entonces Él puede obrar a nuestro favor.

Quizá estés pensando: *Paula, no tienes idea de lo que estoy pasando en este momento. ¡Estoy viviendo en un infierno!* Bueno, tienes razón, hasta cierto grado. No conozco tu historia personal, pero sé que hay ayuda disponible.

Primero y sobre todo, pídele a Jesús que te revele lo que esté dentro de ti que necesite ser llevado a los pies de la cruz. *Tú* eres la única persona que puedes cambiar; no puedes cambiar a nadie más. El cambio debe comenzar en tu propio corazón. Examina tus emociones y permítete sentirlas; está bien decirle a Dios que estás ofendida o enojada. Él ya lo sabe, pero la confesión *te* va a liberar.

> Porque él librará al menesteroso que clamare, y al afligido que no tuviere quien le socorra.
>
> Salmos 72:12

Luego pídele que haga lo mismo por tu ser amado para que todos sean libres.

Facilitadores y ayudadores

La mayor parte de las mujeres que viven con alcohólicos caen en cualquiera de dos categorías: facilitadoras y ayudadoras. Un facilitador genera un ambiente que permite que el alcohólico siga bebiendo.[1] La madre de Anna por ejemplo, era una facilitadora. Las facilitadoras:

§ Llaman al trabajo del alcohólico para dar una razón falsa por su ausencia.

§ Inventan excusas a la familia y a los amigos para la conducta del adicto.

§ Cubren cuando un padre alcohólico no asiste a un evento de sus hijos.

La otra categoría es la ayudadora. Una ayudadora verdaderamente alienta al alcohólico a reconocer su enfermedad y a buscar tratamiento.[2]

Si tu esposo, tu padre o algún ser amado rehúsa buscar ayuda por su adicción, entonces necesitas mostrar amor firme. No va a ser fácil, pero tienes que ser clara en que no vas a tolerar la manera en que te trata (o a la familia) y que si continúa haciéndolo, tú tendrás que distanciarte de él hasta que entre a un programa de recuperación y busque consejería.

Si estás viviendo con un alcohólico, hay algunas cosas que puedes hacer para resistir:

§ Permanece "animada" y positiva. No te vayas con él al basurero.

§ Deja de tomar la responsabilidad por lo que tu cónyuge adicto hace.

§ No permitas que te maltrate a ti ni a los niños.

§ Encuentra una iglesia amorosa que te apoye.

§ Busca una consejera piadosa y, si es necesario, alguien que intervenga.

La intervención consiste en una reunión entre los amigos, la familia, las autoridades y el adicto para confrontarlo claramente, pero con amabilidad; también hay que reservar de antemano un programa de rehabilitación. No para *decirle* al adicto que vaya a la rehabilitación, sino para *llevarlo* en ese momento.

Sobre todo, oren y busquen el rostro de Dios.

CUANDO TU ADOLESCENTE CONSUME DROGAS

Como compartí anteriormente en el capítulo cinco, la pérdida de un niño es un dolor de corazón tremendo. Me atrevo a decir que sin el consuelo y la dirección de Dios, la mujer que pasa por el proceso de duelo sufre un dolor demasiado grande para resistirlo sola. Tú único consuelo proviene de saber que un día te volverás a reunir con tu hijo en el cielo.

Pero, ¿y si estás perdiendo a tu hijo por la adicción a las drogas o al alcohol? Tu dolor es tan insoportable y quizá todavía más, porque tu hijo está tirando su vida y te sientes impotente para ayudarlo o ayudarla.

En mis días, no existía la drogadicción entre los adolescentes. Lamentablemente, en la sociedad de hoy, la adicción al alcohol y a las drogas está sin control entre nuestros jóvenes. Las noticias nos bombardean todos los días con los detalles negativos de cómo se utilizan las drogas para violar a las chicas durante las citas, de niños oliendo frascos de cemento, de chicles entrelazados con marihuana, del incremento en el uso de las metanfetaminas y la lista sigue. Como dije anteriormente, nunca he experimentado esto personalmente como esposa o como madre, pero a lo largo de los años he ministrado a muchas mujeres en esta situación.

Sé que no hay respuestas fáciles ni garantías de que un adolescente vaya a dejar alguna vez ese estilo de vida. Lo que espero lograr es ofrecerte consejos gentiles como consejera y ministra. La Escritura nos dice:

Instruye al niño en su camino, y aun cuando fuere viejo no se apartará de él.

Proverbios 22:6

Pero nuestro clamor es: "¿Qué tan viejo, Señor?". Solo nos queda la oración. No obstante, no existe un poder mayor o un mayor "movedor de montañas" que la oración de fe. Pídele a Dios que te revele las cosas escondidas. Pídele al Espíritu Santo que te guíe y te muestre si tu adolescente está metido en las drogas o en el alcohol, y que te dé sabiduría y fuerza para confrontar la situación.

Porque nada hay oculto, que no haya de ser manifestado; ni escondido, que no haya de ser conocido, y de salir a luz.

Lucas 8:17

Luego, ten iniciativa. Si tienes hijos demasiado chicos, comienza a orar por sus futuros cónyuges y por el futuro de su vida desde ahora. Pronuncia bendiciones sobre ellos diariamente. Enséñales la Palabra y entrénalos para que guarden la Palabra en su corazón.

En mi corazón he guardado tus dichos, para no pecar contra ti.

Salmos 119:11

Si tus hijos son adolescentes, mantente involucrada en su vida para que sepas lo que están haciendo, por qué, adónde van y con quién. Conoce a sus amigos. Si te dicen que los invitaron a una fiesta, pide hablar con el adulto o padre que estará a cargo antes de darles permiso de ir. No olvides alabar y recompensar a tus hijos por su buen comportamiento.

Que tus expectativas sean claras con respecto a lo que quieres. Por ejemplo: "No quiero que estés bebiendo, fumando o tomando drogas de ningún tipo". Establece las reglas del juego y asegúrate de que tu hijo entienda que hay consecuencias por romperlas. Si él o ella rompen las reglas, cumple con lo que les has advertido.

Sé un ejemplo para tus hijos. Recuerda: si tú no eres ejemplo de abstinencia y justicia, entonces tus represiones tienen poco efecto en tus hijos.

Estas son algunas señales delatoras para saber si tu adolescente está tomando drogas:

⚶ Cambios negativos en su desempeño escolar.

⚶ Secretos acerca de sus posesiones o actividades.

⚶ Gotas para los ojos, con el fin de disfrazar ojos enrojecidos o pupilas dilatadas.

⚶ Evidencia de drogas o accesorios.[3]

Como padre, eres la influencia más importante en la vida de tu adolescente. Actúa *ahora* antes de que sea demasiado tarde.

Cuando hables con tu hijo acerca de las drogas o del alcohol déjale saber que lo amas y que estas preocupada de que probablemente estén tomando drogas o alcohol. Déjale saber que estás ahí para escucharlo y que quieres ayudarlo.

Asegúrate de estar calmada y con claridad de pensamiento antes de acercarte a ellos. Si truenas y gritas, tu hijo te va a ignorar o te va a gritar de vuelta. Eso es obviamente contraproducente. Tú quieres que escuchen lo que les quieres decir. Pero sé compasiva con tu adolescente, para que sepa y tenga la seguridad de que estás a su favor y no contra él o ella.

Termina tu conversación orando por él o ella; habla palabras de bendición sobre su vida. Más tarde, a solas, ora para que el espíritu de contienda y discordia se vaya de tu casa y pídele a Dios que traiga unidad a tu familia.

Quizá te sientas sola, pero nunca estás sola.

Capítulo 8

SOLTERA,
pero no SOLA

BRENDA TRABAJÓ EN NUESTRO MINISTERIO durante varios años. Era una mujer de treinta y tantos, hermosa, inteligente e incisiva que bendecía a muchos con sus dones de consejería y oración. Casi todos estaban sorprendidos por el hecho de que siguiera soltera.

Tenía una figura y una cara preciosas, y su brillante cabello rojo podría haber calificado para posar en comerciales de champú. Se vestía con buen gusto y de manera atractiva. Podía conversar sobre una gran variedad de temas. Muchas de las personas a las que aconsejaba coincidían en que no podían entender porque los hombres no estaban haciendo fila a su puerta.

No les estoy describiendo una supermujer con una personalidad sin defectos con la que nadie se pudiera identificar. Como el resto de nosotras, tenía heridas en su corazón que necesitaban ser sanadas y hábitos que requerían ser transformados. En ese tiempo ella era tan discreta que no permitía que muchas personas la conocieran de manera íntima. Pero no traía un letrero en la frente que le advirtiera a la gente que permaneciera a cierta distancia.

Como Brenda era una maestra excelente y se podía identificar con los sentimientos de los solteros le pedimos que abordara la situación del soltero en un seminario. Nunca voy a olvidar la respuesta que recibió cuando declaró enfáticamente: "¡Hay vida después de la pubertad!". El público explotó en olas de risa. Y la gente se acomodó para escuchar el mensaje de Brenda, que dijo una y otra vez que nuestra seguridad básica, nuestra salud integral, nuestro valor y nuestra eficacia como personas, sea que estemos casados o solteros, depende de desarrollar una relación con el Señor Jesucristo.

Él es el que nos da el poder para confrontar y vencer las circunstancias de la vida que a veces nos paralizan o nos hieren; Él puede transformar nuestras debilidades en fuerza. Aunque seas soltera, y tengas muchas luchas y frustraciones, Dios no te rechaza y *nunca* estás sola.

Brenda finalmente se casó, tuvo hijos y siguió con su ministerio. No es una persona completa porque haya encontrado a un compañero. Tiene un buen matrimonio porque estaba completa en Cristo antes de casarse.

EL CLAMOR DEL CORAZÓN DE LOS SOLTEROS

Quizá te puedes identificar con la historia de Brenda con la excepción de su "y vivieron felices para siempre". Y sigues esperando que llegue el bueno.

A lo largo de nuestros años aconsejando, John y yo hemos escuchado a solteras que tienen dolor en su corazón. Estas son las expresiones más comunes que hemos escuchado:

"Ya paso de los cuarenta, mi reloj biológico sigue avanzando y se me está acabando el tiempo. Mis oportunidades de ser madre se están desvaneciendo rápido."

La mayoría de las mujeres que comparten este clamor simplemente soportan la decepción y desarrollan formas de resistir. Algunas se convierten en "tías" amorosas o en "amigas mayores" de los hijos de sus amigas. Nuestros hijos no podían estar con sus abuelos naturales muy seguido porque vivían a cientos de kilómetros de distancia. Pero siempre fueron bendecidos por abuelas sustitutas en la iglesia que se deleitaban en amarlos.

Algunas mujeres solteras se vuelven maestras talentosas o colaboradoras del grupo de jóvenes. Dios puede encontrar muchas manera de hacer que una mujer sin hijos se vuelva una madre gozosa (Salmos 113:9). Si ya "adoptaste" y cuidaste a muchos niños y todavía encuentras un dolor vacío que se levanta de dentro de tu ser; un anhelo insatisfecho por tus *propios* hijos, es bueno que sepas que tus sentimientos son normales. Dios comprende y quiere consolar tu corazón.

El deseo natural de una mujer de dar a luz vida es tan poderoso que en la actualidad un número cada vez mayor de mujeres solteras quedan embarazadas deliberadamente por su deseo sobrecogedor de ser madres. Algunas veces están tan heridas, rechazadas y endurecidas que no les importa en lo más mínimo de quién reciban la semilla. Su propósito jamás fue vivir en una relación de pacto con el padre.

Para ellas el dolor de no tener hijos es tan intenso que escogen traer un bebé al mundo por causa de su propia comodidad y realización sin considerar la profunda herida que esto puede inflingir en el corazón de su bebé. Todo niño necesita tanto un padre como una madre. Los niños concebidos de esta manera comienzan su vida con una semilla de rechazo y un sentimiento de haber sido usados.

Hasta que estas heridas no sanen, tendrán problemas para recibir el amor que la madre se sentía tan desesperada por dar. Y hasta que estos motivos egocéntricos se descubran, ella se arrepienta y sea perdonada, la calidad del amor que la madre trate de expresar estará seriamente teñido por su naturaleza egoísta.

"Tengo luto por los bebés que nunca tuve; ¡como si hubieran nacido y se hubieran muerto!"

Casi lloré cuando escuché este clamor. Aquí estaba esta linda mujer, pasados sus cuarenta años. Era atractiva, con una rara mezcla de fuerza y suavidad. Su vida había sido invertida en un ministerio que traía a la gente a la vida, y ella había aprendido bien el significado de amar por medio de invertirse en otros.

No había duda de que se había vuelto la madre de muchos hijos espirituales. Pero estaba de duelo por los *propios*. Mi corazón se rompió al identificarme con su sentimiento de pérdida. Ella había concebido en su imaginación y había tenido trabajo de parto para dar a luz a sus hijos en el profundo anhelo de sus sueños, pero nacieron muertos (hablando en sentido figurado), y ella nunca los tuvo en sus brazos. Temía que eso nunca sería posible.

Estaba tratando de no enojarse, pero el pensamiento le seguía llegando a la mente: *¡Qué desperdicio que tenga todo este sistema reproductivo dentro de mí! ¡Qué molestia tan inútil vivir estos ciclos biológicos que no producen otra cosa que incomodidad!* Yo no dejaba de pensar en la buena madre que hubiera sido y me preguntaba que le habría pasado al marido que Dios tenía preparado para ella.

Mi corazón clamó: "Oh Dios, si él está por allí. Permite que se encuentren rápido". Yo no sé si tú también estas de duelo por los hijos que nunca te nacieron. No obstante, sí sé que Dios está listo para consolarte y envolverte con sus brazos amorosos. Él te promete en su Palabra:

> Regocíjate, oh estéril, la que no daba a luz; levanta canción y
> da voces de júbilo, la que nunca estuvo de parto; porque más

son los hijos de la desamparada que los de la casada, ha dicho
Jehová.

Isaías 54:1

Por ahora, enfócate en los hijos que Dios sí traiga a tu vida durante
este tiempo. Derrama tu amor en ellos; no te decepcionarás.

*"Amo al Señor, me encanta mi trabajo y tengo muchas amigas,
pero siempre he querido mi propia familia. Hay un vacío
dentro de mí que no hay nada que lo satisfaga en realidad."*

Esta es la queja que hemos escuchado con mayor frecuencia de las
mujeres que sirven como solteras en el campo misionero. Suelen ser mujeres atractivas, talentosas y dedicadas que no se quedan satisfechas con
trabajos ordinarios solo por el sueldo. Sinceramente quieren invertir su
vida en servir al Señor y liberar a los demás. La mayoría se siente llamada por Dios en cierta forma para hacer eso.

Pero pocas veces hemos conocido a alguna de ellas que no admita que
siempre ha soñado hacer el mismo tipo de trabajo con un esposo e *hijos*,
con los cuales compartir el trabajo, el juego, las alegrías y las tristezas.

Algunas en el campo misionero quizá no fueron "llamadas" por Dios
en el sentido de que Dios les haya dado una dirección clara de ir. Fue
más bien la pérdida de su marido por medio de la muerte o el divorcio
lo que las impulsó a buscar lugares importantes en los cuales invertir su
vida. Dios luego se reunió con ellas donde estaban y abrió una puerta.
Pero todavía sienten la necesidad personal de amor con un poco de piel.
Hay mujeres que deciden desde el principio invertir su vida en su carrera más que en cuidar una familia. Se llenan de ocupaciones y se de-
rraman de manera tan completa en convertirse en empresarias exitosas,
decoradoras, maestras, científicas, periodistas y demás que durante años
no le prestan atención a lo que está escondido debajo de su enfoque

consciente. Luego cuando se acercan los años de retiro, empiezan a reconocer que hay una parte de ellas que nunca ha tenido la oportunidad de vivir. Algunas parecen contentas de seguir como están. Otras encuentran que sus éxitos y laureles dolorosamente carecen de calidez humana.

Una soltera brillante y talentosa señaló su certificado de doctorado enmarcado en la pared de su estudio y me dijo con lágrimas en los ojos: "A medida que envejezco, encuentro terriblemente difícil tratar de acurrucar eso en mis brazos".

"Deseo tanto que alguien me abrace, conversar con alguien, ir a lugares, compartir cosas importantes, orar con él y hacerme vieja con él."

La mujer que hizo ese comentario había estado casada y había criado varios hijos. Pero su matrimonio había terminado en divorcio y sus hijos habían crecido y se habían mudado. Tenía miedo de que la intensidad de sus necesidades no satisfechas la impulsaran a una relación prematura e inapropiada.

Por lo menos estaba consciente de su vulnerabilidad y estaba buscando ayuda. Muchas mujeres no lo hacen. Simplemente se dejan impulsar por sentimientos que bloquean su discernimiento, Muchas otras evitan buscar consejo porque temen ser malentendidas y condenadas. La condenación es completamente inapropiada porque estos sentimientos son naturales.

Dios no sólo te diseñó como mujer con la *necesidad* de amar, sino que también te creó para llenar a un hombre, nutrir y proteger su corazón. "El corazón de su marido está en ella confiado, y no carecerá de ganancias" (Proverbios 31:11). Cuando se te niega esa oportunidad, también se te niega la expresión de una parte de tu persona. No importa que no la puedas identificar claramente, tu sentido intrínseco de valor está dañado.

Si nunca te has casado, estuviste casada pero perdiste a tu marido o estas casada pero la incapacidad de tu marido de tener intimidad te deja fuera de su corazón, compartes la misma herida básica y frustración igual que todas las demás mujeres que caminan solas por este camino.

Estás bloqueada de convertirte en todo lo que fuiste creada para ser. El hombre y la mujer fueron creados para estar juntos. Pero me parece, hablando en general, que las mujeres tendemos con mayor naturalidad a gravitar más fácilmente hacia la intimidad mientras que los hombres tienden a huir de ella.

"Obviamente no soy bonita, porque nadie me ha escogido."

Este comentario salio de la boca de una mujer inusualmente atractiva que acababa de celebrar su cuadragésimo cumpleaños. Con suma capacidad ocupaba un puesto de responsabilidad en una organización de servicio internacional de increíble renombre. La gente no solo la trataba con respeto y honor, sino que decían ser sus "amigos".

Pero ella se sentía fea porque ningún hombre la había escogido como esposa. Aunque había salido con algunos de vez en cuando, nunca se desarrollaron relaciones serias con esas personas. Mi esposo y yo tratamos de confirmar su belleza, ya que lo podíamos ver claramente.

Ella agradeció nuestro esfuerzo, pero toda la confirmación más persuasiva en el mundo no iban a poder cambiar los "hechos" que ella había identificado como verdad. Por lo tanto, en su mente, ella "sabía" que nadie la escogería debido a su apariencia. Lo triste es que decidió creer esa mentira que el enemigo le dio.

Lo irónico es que a menudo lo opuesto es la verdad. Es el mismo hecho de que *eres* hermosa y que *tienes* cierto nivel de éxito, lo que intimida a los hombres. Se sienten inadecuados, pequeños, como si no tuvieran nada que ofrecerte. Temen que los rechaces. Y no hay nada más dañino para el ego masculino que el rechazo. Quizá preguntes: "¿Paula eso quiere decir que necesito rebajar mis estándares para verme un poco más fea y actuar como tonta?". ¡Absolutamente no!

Eres la mujer que Dios diseñó incluso antes de que nacieras; con todos tus atributos físicos, mentales y espirituales, y quizá algún día esa persona especial llegue a tu vida cuando Dios considere que es el momento adecuado. Pero será alguien que te valore y te aprecie por *quien eres*.

Posibles respuestas a *por qués* frecuentes

"¿Si hay alguien para mí, entonces por qué no lo he encontrado ya?" ¡Cuántas veces he escuchado esa pregunta! Pero sin importar si nunca te has casado o si estás soltera de nuevo a causa del divorcio (tema que cubriré en el siguiente capítulo) o viudez, tu dolor es bastante real, y Dios puede restaurar tu alma si se lo permites.

Nuestro hijo Mark estudiaba en el Seminario Teológico de Denver. Mark estaba impaciente y un poco enojado porque casi tenía veintinueve y no había encontrado al amor de su vida. Sus tres hermanos se habían casado felizmente a los diecinueve, a los veinte y a los veintiuno. Estaba feliz por ellos, pero se preguntaba por qué no había recibido tal bendición.

Mark tenía varias amigas, pero él no tenía ningún interés romántico en su relación con ellas. La familia y los amigos trataban de animarlo: "Mark, ella está por allí. Estoy seguro". Y él contestaba: "Ya me lo habías dicho antes, ¡y desearía creerte!". Yo estaba preocupada por el enojo cada vez mayor y el desaliento en su actitud, y un día cuando estaba orando por él. El Señor claramente me dirigió a leer Salmos 128:2-3.

> Cuando comieres el trabajo de tus manos, bienaventurado serás, y te irá bien. Tu mujer será como vid que lleva fruto a los

lados de tu casa; tus hijos como plantas de olivo alrededor de tu mesa.

SALMOS 128:2-3

Copié el pasaje y se lo di a Mark, diciéndole que yo creía que era de parte del Señor para él. Él lo llevaba en su Biblia.

Mientras tanto, Maureen, quien con el tiempo llegó a ser la esposa de Mark, estaba viendo sus veintes pasar con rapidez, y aunque estaba animaba por la sanidad que estaba recibiendo por algunas heridas del pasado, también estaba impaciente y frustrada, preguntándose si alguna vez encontraría al hombre correcto.

John fue a Calgary, Alberta, a enseñar y Maureen estaba entre el público. Le pidió a Dios que le enviara un esposo como John. (Ella no sabía que Mark en muchas maneras se parece más a John de lo que incluso John puede darse cuenta.)

Más tarde una persona de nuestro personal aconsejó a Maureen, y en el proceso de su conversación la consejera mencionó por coincidencia el nombre de Mark. Maureen supo en su espíritu que un día se casaría con él.

Poco después, Maureen tomó un curso en nuestra iglesia en el que estaban estudiando nuestros libros. Le pidieron que dijera su nombre y luego le preguntaron por qué había asistido al curso. Ella respondió: "Estoy aquí porque Dios me está preparando para casarme con Mark Sanford". La gente se quedó un poco sorprendida, pero no le discutieron el punto. No sé si porque se veía tan segura o porque pensaron que era un poco rara.

Maureen con el tiempo vino a Coeur d'Alene, Idaho, a consejería. Mark estaba en casa en esa época haciendo un internado en Elijah House. Lo enviamos a que recogiera a Maureen que estaba llegando en avión. Dos personas solitarias fueron unidas esa noche, y conversaron hasta casi las dos de la madrugada. Así comenzó un cortejo que siguió principalmente por correo y por teléfono a lo largo de los siguientes nueve meses.

Finalmente, Mark y Maureen se casaron. Maureen nunca regresó a Canadá. Desde su matrimonio, los hemos visto a los dos florecer, sacando lo mejor del otro, además de que tienen una hermosa familia.

¿Cuál es la moraleja de esta historia? *¡El tiempo de Dios!* Mark se desarrolló un poco tarde. Y sufrió un ataque sexual de niño. En él había recuerdos profundos que había suprimido por completo. En las primeras semanas de su matrimonio, el Espíritu Santo trajo esos recuerdos a su memoria.

Maureen también tenía heridas profundas que tenían que ser sanadas con el aceite del Espíritu del Señor. El amor del Señor entre ellos los había preparado para ministrarse mutuamente. En el momento justo, en el proceso de maduración y sanidad, Dios los juntó. Si se hubieran encontrado antes, ninguno hubiera estado listo para atender al otro de manera sensible, y los problemas que hubieran surgido de sus heridas pasadas hubieran obstaculizado seriamente su intimidad. Hubiera sido un desastre en lugar de una celebración.

Obstáculos a la plenitud

Quizá te preguntes: "¿Habrá algo que me esté estorbando para encontrar a la persona adecuada?". Bien pudiera ser que hubiera obstáculos en ti. Algunos de los más comunes son:

1. Las heridas emocionales que has recibido

2. Las mentiras que has aceptado

3. Los juicios que has hecho

4. Las expectativas que has desarrollado

5. Las murallas que has establecido

6. Los votos internos que has hecho

7. Los mensajes inconscientes que envías

Las buenas noticias son que no necesitas seguir viviendo con ninguno de ellos. Puedes ser libre. Primero, déjame examinar lo que quizá esté produciendo estos obstáculos; luego vamos a aprender cómo tratar con ellos.

¿Qué heridas?

Desde el momento en que fuiste concebida llevas contigo un espíritu sensible que sabe si fuiste invitada o si fuiste un accidente. Si de niña experimentaste mucho amor en tu casa, descansabas en ese amor, pero si tus padres constantemente peleaban, entonces vivías en tensión y temor.

Los niños son extremadamente sensibles emocional y espiritualmente a la atmósfera del hogar. Probablemente de niño supiste desde el principio si te consideraban una bendición o una carga invasora por la manera en que tus padres respondían a tus necesidades, si con gratitud o por obligación. Te sentiste escogida porque disfrutaban estar contigo, o llevas heridas profundas porque eran indiferentes o porque te maltrataron física y verbalmente durante tus primeros años.

Si tus padres fueron afectuosos, entonces tú estás llena de amor y fuerza de espíritu para enfrentar la vida. Si tuviste amor incondicional equilibrado con disciplina apropiada, la cuestión de la pertenencia ha quedado resuelta en los niveles profundos de tu espíritu. Desarrollaste la valentía y la seguridad para aventurarte, cometer errores e intentarlo de nuevo.

Sin estos regalos básicos de aceptación y cariño, tu espíritu se seca como una planta que recibe poca agua y poco sol. Si fuiste continuamente golpeada por la crítica, quizá te acurruques para morir emocionalmente, convirtiéndote en un puré de rechazo, un intento de persona. O quizá explotes en enojo y dolor y busques darles su merecido o avergonzarlos.

Si tus padres (especialmente tu padre) te dijeron, al ir creciendo, lo hermosa que eres y lo orgullosos que están de ti, tú *sabes* que eres hermosa. Pero si nadie te dijo lo linda que eres y en lugar de eso te ridiculizaban, probablemente te sientas fea y te avergüences a pesar de haber sido hecha para ganar concursos de belleza.

¿Cuáles mentiras?

Quizá aceptaste la mentira de que no tienes el derecho de existir. Te han alimentado de la mentira de que tienes que ganarte el amor para recibirlo. Has creído la mentira de que eres digna de ser amada solo si lo haces todo bien (lo que sea que signifique "bien"). Fuiste un error, una intrusión y una carga así que no perteneces. Decides creer que hay algo terriblemente malo en ti, que eres fea y rechazada. Crees que de alguna manera eres responsable por los pecados de tus padres y que, por lo tanto, realmente no te mereces una bendición.

¿Cuáles juicios?

Una cosa es reconocer y juzgar correctamente a algo o a alguien para ser inmoral, injusta y ofensiva. Otra cosa es juzgar de una manera condenatoria mientras te regodeas en odio y enojo.

Mientras que no somos responsables de los pecados de los demás, vamos a tener que dar cuentas por nuestras propias respuestas y por las actitudes a las que nos aferramos.

¿Qué expectativas?

Quizá siempre has sentido que nadie te ama o que nadie te ha tratado con sensibilidad. Siempre te has tenido que cuidar sola, porque si no, nadie lo hubiera hecho.

Sin importar lo mucho que hayas trabajado o el buen trabajo que hagas, siempre esperas ser criticada. Sientes como si no fueras lo suficientemente lista o aguda, así que esperas ser ignorada. Te esfuerzas por ganar la aceptación de la gente, sentirte que perteneces, y de todos modos eres rechazada (o por lo menos así es como lo percibes).

Esas heridas que llevas han socavado tus expectativas de lo que quieres de la vida, tu percepción de los demás y, lo más importante, tu percepción de ti misma.

¿Cuáles murallas?

Las murallas no solo dejan fuera lo que no queremos, también apresan nuestros sentimientos.

Cuando recibes una herida, aprendes a construir murallas de protección para tus sentimientos. Endureces tu corazón y te rehúsas, algunas veces inconscientemente, a permitir que nadie entre. Quizá con alegría les sirvas a otros y ministres sus necesidades, pero eso simplemente te permite preservar cierta medida de control.

Nos mantenemos como personas demasiado discretas, escondiendo nuestras propias necesidades, heridas y temores, porque, si abrimos nuestro corazón, nos volvemos vulnerables a las imperfecciones de los demás. Escogemos el dolor de la soledad y el aislamiento en lugar de arriesgarnos a la posibilidad de la violencia o la traición.

Lamentablemente, una muralla es una muralla. Las murallas no solo dejan fuera lo malo, sino que también bloquean lo bueno. Ezequiel 36:26 y Ezequiel 11:19 dicen que Jesús va a quitarnos el "corazón de piedra" y a darnos un "corazón de carne". Él nos ofrece la protección de su coraza de justicia (Efesios 6:14). Pero tenemos tanto miedo de rendir la seguridad de nuestras propias defensas que cuando los buenos tiempos y la gente amorosa comienzan a derretir nuestro corazón, de pronto nos detenemos en medio de la celebración de las nuevas libertades y amistades para huir de vuelta a nuestra prisión ya conocida.

¿Cuáles votos?

Algunas veces, una persona o una situación deja una herida tan profunda que hacemos el voto de nunca permitirle a otra persona o situación que entre a nuestra vida de nuevo. Probablemente digamos cosas como:

⌘ Abrí mi corazón a la confianza una vez y fui traicionada. *Nunca* voy a volver a confiar.

⌘ Duele ser rechazada. Voy a rechazar antes de ser rechazada.

⌘ Compartí mis sentimientos, y la gente los utilizó en mi contra. Voy a ocultar mis sentimientos.

⌘ Mi madre era un tapete para mi padre. Nunca voy a permitir que nadie me use así.

Cuando estos votos se pronuncian temprano en la vida son un indicativo de un aspecto que decidimos bloquear de nuestro ser interior. Quedan programados en nuestra mente, para ser recordados más tarde en la vida cuando nos presionan los "botones" bajo ciertas circunstancias. Entonces los votos nos impulsan a responder de manera compulsiva.

¿Qué mensajes inconscientes?

En otras ocasiones quizá estás enviando mensajes subconscientes como: "No te simpatizo. No me vas a escoger; nadie lo ha hecho. Me vas a rechazar. Te vas a alejar; todos se alejan. No puedo confiar en ti. No te voy a necesitar. Adelante, golpéame; no voy a llorar. Voy a cuidarme a mí misma".

¿Qué es lo que dice tu lenguaje corporal? Caminas con la cabeza viendo el piso, o caminas con la cabeza levantada? Dios te ha hecho cabeza y no cola (Deuteronomio 28:13). Dite a ti misma: "Mas tú, Jehová, eres escudo alrededor de mí; mi gloria, y *el que levanta mi cabeza*" (Salmos 3:3).

La manera en que te desenvuelves y tu tono de voz le mandan un mensaje a la gente de como te ves a ti misma.

"¿ENTONCES, QUÉ HAGO?"

¿Qué puedes hacer para deshacerte de esos obstáculos (los que están presentes en tu vida)?

Primero que nada y sobre todo, ora. Santiago 5:16 dice: "Confesaos vuestras ofensas unos a otros, y orad unos por otros, para que seáis sanados. La oración eficaz del justo puede mucho". Esencialmente es sencillo. Con otros, y luego en disciplina personal, ora:

1. Que el Señor derrame su amor en lo profundo del espíritu de la niña lastimada que has sido y que haga que el amor permanezca allí como una medicina santa y sanadora.

2. Que las mentiras que has aceptado acerca de ti misma sean crucificadas y que seas hecha libre para verte y aceptarte como Jesús te ve y te acepta.

3. En arrepentimiento por cualquier juicio condenatorio
que hayas hecho, especialmente contra tus padres. Toma
las decisiones de perdonar y espera que Jesús haga que esas
decisiones se vuelvan realidad.

4. Que renuncias a tus expectativas ensayadas. Pide un espíritu
nuevo y recto dentro de ti.

5. Que el Señor derrita las paredes de tu corazón y haga que
tus defensas carnales se desmoronen para que puedas ser
protegida por su coraza y su escudo a medida que avanzas
hacia la vulnerabilidad y territorios desconocidos.

6. Tomando autoridad sobre los votos internos que hayas
hecho, rompe su influencia sobre ti.

7. Que los mensajes antiguos que comunicaron mal los deseos
de tu corazón y bloquearon el plan de Dios para ti sean
destruidos y que los nuevos mensajes de bendición y apretura
surjan de en medio de ti bajo la dirección del Espíritu Santo.

¡Luego comienza a caminar en tus oraciones! La oración es la clave
para remover los obstáculos en tu camino a la plenitud.

GRUPOS DE APOYO

Otra manera de ayudarte a vencer estos obstáculos es fomentando relaciones sanas y vitales por medio de grupos de apoyo bien equilibrados.

Grupos estilo familiar

Algunas de las experiencias más ricas que pueden suceder en un grupo cristiano suceden en grupos diversificados: jóvenes y viejos, hombres y mujeres, casados y solteros. Estas estructuras de grupos pequeños pueden proveer amistad y cuidado para las solteras.

En un grupo así, puedes disfrutar el sentido del cuidado familiar que quizá no hayas recibido en tu propia familia natural. Si tu familia te hirió, ahora tienes la oportunidad de ser sanada por medio de la oración y disfrutar una nueva experiencia con gente preparada para ser ejemplo de relaciones sanas para ti, para que te lleven en su corazón y que te amen de por vida. Tu nueva familia puede, con amor incondicional, desarrollar en ti una nueva identidad cristiana y autoestima para que llegues a ser todo lo que puedes ser.

Si tienes hijos, con toda seguridad dentro del grupo habrá hombres que puedan servir de ejemplos masculinos (como abuelos o como hermanos) de quienes tus hijos puedan aprender la manera en que un hombre piadoso deba actuar.

Grupos de solteros

Idealmente, los grupos de solteros deben ofrecer la oportunidad de que la gente se reúna para conocer a otros y experimentar comunión refrescante que los apoye y que reduzca su soledad. Deben proveer cierta medida de seguridad a sus miembros y ofrecer ministerio de sanidad a los que lo requieran.

Si los grupos de solteros crean un ambiente sano de diversión y aventura, conversaciones interesantes, recreación, estudio colectivo estimulante y proyectos de servicio, habrá oportunidad para que se desarrollen relaciones permanentes.

Todos los grupos, de solteros o de otro tipo, necesitan que su enfoque esté fuera de sí mismos, o si no, fácilmente pueden llegar a concentrarse en sí mismos o centrarse en sus problemas, dependiendo de la seguridad, la autoestima y la estabilidad de los que los conforman.

John y yo hemos visto algunos grupos de solteros sumamente sanos. Hemos tenido el privilegio de participar en varias bodas hermosas, y hemos observado el desarrollo positivo de los matrimonios que nacieron de esos grupos. Pero también hemos escuchado muchas historias de decepción y desilusión. Probablemente, el comentario que he escuchado más a menudo es: "¡Fui a un grupo de solteros cristianos para *conocer* a otras personas y hacer amigos, pero en lugar de eso resulto en un mercado de *carne*!".

Mientras que el término "mercado de carne" quizá ofenda a algunas lectoras, la realidad es que muchas veces esto es el caso. Mi intención no es dibujar una imagen crítica de los grupos de jóvenes solteros. Al contrario, como dije anteriormente, hemos visto mucho buen fruto producido en ellos. Hemos orado por muchos jóvenes y señoritas que están buscando honestamente relaciones sanas y permanentes para que encuentren a su pareja en alguna parte en medio de nuestra cultura moderna.

Simplemente tenemos que reconocer que vivimos en un mundo donde lo absoluto de la ley de Dios ha sido erosionado de la cultura, donde el sexo ilícito es retratado incesantemente en los medios como la norma deseable.

Demasiado a menudo, los cristianos han impuesto tabúes sexuales en nuestros adolescentes y jóvenes, sin comunicarles realmente la bendición santa del sexo dentro del matrimonio. El poder de un "no" autoritario en la vida de una adolescente que está en proceso de independizarse de sus padres es una fuerza que la lleva a la rebelión, y, por lo tanto, a una vulnerabilidad extrema a la presión de sus compañeras.

Si el mundo continúa comunicando con habilidad y valentía el mensaje engañoso de que el sexo está bien sin importar las circunstancias de la relación, y si nadie le comunica a nuestros jóvenes la gloria sexual que el Señor ha diseñado para ellos dentro de los límites de un matrimonio piadoso, ¿entonces cómo podrán nuestros jóvenes conocer la verdad? ¿Cómo pueden entender que están intercambiando su primogenitura por un miserable y asqueroso plato de lentejas?

La educación sexual secular ha intentado armar a los alumnos con información para proteger su bienestar físico. Pero Dios está llamando a los cristianos a entender y a hablar claramente con respecto a la relación entre la sexualidad y la espiritualidad de cada persona, especialmente al prepararnos para entrar en una verdadera intimidad.

El sexo y la soltería

Si Dios mismo inventó el sexo y fue su idea, ¿entonces por qué estamos teniendo tantos problemas? La gente no comprende la relación entre el cuerpo y el espíritu. Es imposible que una persona toque a otra solo físicamente. Nuestro espíritu personal no está contenido dentro de nuestro cuerpo como un líquido derramado dentro de un recipiente, Nuestro espíritu personal le da vida a nuestro cuerpo (Santiago 2:26) y fluye a través de todas sus células. Por lo tanto, cuando tocamos a otra persona, nuestro espíritu también participa.

> ¿O no sabéis que el que se une con una ramera, es un cuerpo con ella? Porque dice: Los dos serán una sola carne. Pero el que se une al Señor, un espíritu es con él. Huid de la fornicación. Cualquier otro pecado que el hombre cometa, está fuera del cuerpo; mas el que fornica, contra su propio cuerpo peca. ¿O ignoráis que vuestro cuerpo es templo del Espíritu Santo, el cual está en vosotros, el cual tenéis de Dios, y que no sois vuestros? Porque habéis sido comprados por precio; glorificad, pues, a Dios en vuestro cuerpo y en vuestro espíritu, los cuales son de Dios.
>
> 1 Corintios 6:16-20

Dios ha hecho que el esposo y su mujer se vuelvan una sola carne en una unión santa de pacto (Génesis 2:24; Efesios 5:31). Ha hecho al hombre de tal manera que al unirse a su esposa su espíritu la abraza, la protege y la cuida. Una mujer está hecha para abrazar y cuidar de su marido.

Cuando dos personas se vuelven "una sola carne" en una unión no santa, sus espíritus se enganchan entre sí porque así fueron creados. Los adúlteros y los fornicarios pervierten de manera pecaminosa el propósito de Dios. Él no les ha dado su permiso ni su bendición en el matrimonio, y por lo tanto, no se pueden complementar en santidad. Su unión les miente acerca de quienes son y provoca que carguen con confusión dentro de sí a causa de haberse unido.

Si una persona se ha acostado con muchos compañeros se vuelve imposible unirse a esa persona porque el enfoque de su espíritu y sus energías están dispersas, buscando a los muchos con los que se ha unido. Por lo tanto, donde ha existido una unión no santa, o peor, abuso sexual, hay que orar para que el Señor mismo blanda su espada de la verdad para separar esos espíritus para que cada uno pueda ser libre de entregarse a su propio compañero.

Sigue la dirección del Espíritu Santo, ora en el nombre de Jesús para que el espíritu de esa persona olvide la unión. La mente quizá nunca olvide, pero el espíritu necesita ser liberado de las ataduras emocionales. Muchas por las que hemos orado de esta manera han exclamado: "¡Me siento tan *enfocada*. No me había dado cuenta de lo dispersa que estaba!".

Muchas solteras piensan que ser activas sexualmente antes de casarse las va a preparar para ser mejores amantes una vez casadas. Como consejera les puedo decir que es justo lo opuesto. Cuando se casan tienen innumerables problemas.

Han contaminado el descubrimiento de la maravilla de la intimidad física a la luz de la bendición de Dios, el tesoro incorruptible de lo privado, compartir entre sí lo que es suyo y solo suyo.

Quedan severamente incapacitadas en su habilidad para apegarse. Hasta que no se arrepientan y el Señor las libere, arrastran a su matrimonio las sombras de cada encuentro sexual que hayan tenido. Sin importar lo bueno que haya parecido cualquiera de esos encuentros sexuales, es *imposible* que haya llevado la gloria que Dios quiere que el hombre y su mujer compartan.

Cuando una pareja se enlaza en una unión santa, para encontrarse y recibirse en completa intimidad, el Espíritu Santo se mueve para cantar por medio del espíritu de cada persona y luego como un regalo extasiante y una bendición santa de amor. *¡El Espíritu Santo no canta en lugares inmorales!*

> Bebe el agua de tu misma cisterna, y los raudales de tu propio pozo. ¿Se derramarán tus fuentes por las calles, y tus corrientes de aguas por las plazas? Sean para ti solo, y no para los extraños contigo. Sea bendito tu manantial, y *alégrate con la mujer de tu juventud, como cierva amada y graciosa gacela. Sus caricias te satisfagan en todo tiempo, y en su amor recréate siempre.* ¿Y por qué, hijo mío, andarás ciego con la mujer ajena, y abrazarás el seno de la extraña? Porque los caminos del hombre están ante los ojos de Jehová, y él considera todas sus veredas. Prenderán al impío sus propias iniquidades, y retenido será con las cuerdas de su pecado. El morirá por falta de corrección, y errará por lo inmenso de su locura.
>
> PROVERBIOS 5:15-23, *ÉNFASIS AÑADIDO*

Dios quiere que disfrutemos el sexo dentro de los confines del matrimonio. Sus leyes morales son las normas para nuestra protección para que no corrompamos, distorsionemos y perdamos sus buenos regalos.

INSTRUCCIONES PARA PERMANECER PURA

No es fácil ser soltera. Lamentablemente para muchas, cuando sus hormonas se encienden, su cerebro se desconecta y siguen su pasión a un desastre de confusión y heridas. Como ya expliqué, hay una manera de regresar a la cordura y a la sanidad por medio del perdón y del poder sanador de Jesús. Estas son algunas sugerencias para ayudarte a mantenerte pura.

Establece límites para ti misma

¿Qué tan lejos irás con un hombre que no es tu marido? Cuando la pasión comience a levantarse... *¡detente!* Observa que utilicé la palabra *"comience"*. En otras palabras, no esperes hasta estar en el calor del momento para detener algo que se debería haber detenido desde el principio. El camino de la pasión lleva a relaciones de pacto. El pacto es para siempre.

No te tragues todo lo que te dicen

No creas la frase "si me amas...". Si él *realmente* te ama, va a *esperar*, te va a respetar. Quizá pienses: *Pero es que siento como si ya estuviéramos casados en el espíritu.* Fantástico, pero esperen hasta que el resto de su ser también se case, y no establezcan un periodo de compromiso demasiado largo.

Espera a la persona que Dios tiene para ti

Esperar es quizá una de las decisiones más difíciles que vas a enfrentar como soltera. Es sumamente probable que Dios ya tenga a la persona para ti. Pídele a Dios que la traiga a tu vida a su tiempo y pídele discernimiento para reconocerlo cuando llegue. Mantente limpia por su causa. No permitas que ningún comprador manosee la mercancía sin haber firmado los papeles.

Si estás comprometida, espera hasta el matrimonio

Incluso cuando estés segura de haber encontrado a la persona correcta, decide no opacar la emoción y el misterio de tu luna de miel. Demasiadas señoritas piensan que está bien adelantarse porque se van a casar en unos meses. ¿Pero si ya están teniendo relaciones sexuales antes de casarse, entonces dónde quedan las sorpresas de la luna de miel?

Aléjate de vehículos estacionados y otros lugares oscuros y aislados

En caso de que no lo hayas notado, las niñas pueden abrazar durante mucho tiempo sin ir más allá; lo hombres no están hechos de esa manera. En lugar de quedarte en un coche estacionado o quedarte a solas con él, traten de andar en bicicleta o de jugar a algo juntos, como tenis. Salgan en grupo o con otras parejas. Aprendan a ser amigos antes de ser amantes. John y yo hemos estado felizmente (y todavía románticamente) casados durante más de cincuenta años, pero fuimos amigos antes de ser amantes.

Busca oportunidades positivas para compartir los talentos que Dios te ha dado

Si parece como que no te llega nada, no te pierdas en las fantasías ni permanezcas en tus frustraciones o sueños sin cumplir. Enfócate en el exterior. Conoce gente, haz amigos y date por entero a un grupo de apoyo. Aprovecha toda oportunidad sana de la vida que se presente (no olvides que no se trata de "cualquier puerto en una tormenta"; Dios quiere que tengas lo mejor).

Pide el don temporal de continencia

Es una solución viable y un buen don. Sin el don de la continencia, muchas se dejan llevar por sus deseos y por la tentación y caen en sexo ilícito, que les puede traer como resultado VIH o cualquier otra enfermedad de transmisión sexual. Algunas que se esfuerzan por contenerse sin el don pierden su habilidad para funcionar o temen que lo harán.

§

Dios no nos diseñó para estar solas, sino que nos creó con la necesidad de amistad e intimidad. Ser soltera puede ser una bendición, pero también lo es el matrimonio piadoso. Cuando damos oído a su Palabra, podemos experimentar una unión santa. Cuando un compañero (o la mayoría de las veces, ambos) falla en obedecerlo, entonces le dan lugar al dolor de cabeza del divorcio. Pero incluso en el divorcio, la misericordia de Dios todavía está disponible para los que lo buscan.

Capítulo 9

LA MISERICORDIA *de* DIOS *para la que* TUVO *que* DIVORCIARSE

CUANDO CAMINASTE POR EL PASILLO EL DÍA de tu boda, estoy segura de que cuando miraste a tu amado y dijiste "acepto" lo último que cruzaba por tu mente era que un día se habrían de divorciar. Ninguna mujer sueña con pasar por el dolor, la angustia y la traición que le siguen a un divorcio. Cuando una se divorcia es como si parte de su ser muriera.

Lamentablemente, el divorcio se ha difundido más en la iglesia que en el mundo. El número de divorcios entre los creyentes casi está a la par con los incrédulos. Lo trágico es que muchas veces las solteras en la Iglesia, que estuvieron casadas y que ahora están divorciadas, se sienten marginadas. Se las hace sentir como si hubieran cometido el pecado imperdonable, y la Iglesia les ha puesto limitaciones, especialmente en el aspecto ministerial.

Déjenme comenzar diciendo que el divorcio *no* es el pecado imperdonable. ¡Y si así fuera, entonces la salida a un matrimonio miserable podría ser asesinar al cónyuge! A la señora se le podría perdonar el pecado de asesinato y seguir adelante con su vida en el más aceptable estado de la viudez. En ese estado sería libre de casarse y quizá algún día incluso alguien le pidiera que diera su testimonio en un desayuno de mujeres cristianas.

Perdóname si esto te ofende. No estoy minimizando la seriedad de los votos matrimoniales o lo absoluto de la ley de Dios. Dios odia el divorcio (Malaquías 2:16), ¡pero *no* odia a la divorciada! Odia el dolor y la angustia que no solo la divorciada, sino que también su familia y amigos, tiene que pasar. Sabe lo devastador que puede ser ese dolor porque Él mismo sufrió nuestros dolores y llevó nuestras aflicciones (Isaías 53:4).

La otra mitad de Malaquías 2:16 continúa diciendo: "[...] al que cubre de iniquidad su vestido [...]". Es verdad, hay muchas personas que no hacen ningún esfuerzo por arreglar los problemas de su matrimonio, y luego pasan de una relación a otra sin llegar a darse cuenta o a arrepentirse de aspectos pecaminosos o disfuncionales en su propio corazón.

Nuestra cultura moderna ha hecho que eso sea fácil de hacer por medio de desensibilizar a la gente al dolor que sus acciones egoístas les provocan a otras personas, especialmente a sus hijos y a Dios. "Cubren sus vestidos de iniquidad" podría ser dicho de acuerdo con las fortalezas de la época: "Me merezco ser feliz", "Él no me entiende", "Mis hijos van a estar mejor sin mí", "Necesito ser libre para descubrir quién soy".

Lo cual lleva a la pregunta obligada: "¿Es esta burla egoísta el pecado de *todos* los que se han divorciado?". ¡Claro que no! Y si así fuera, ¿les daría el pretexto a los cristianos que cubren sus vestidos de iniquidad por medio de juzgar y condenar a los divorciados?

Jesús mismo nos llamó a ser misericordiosos como nuestro Padre es misericordioso. Y de inmediato añadió: "No juzguéis, y no seréis juzgados; no condenéis, y no seréis condenados; perdonad, y seréis perdonados"

(Lucas 6:36-37). No obstante, en muchas congregaciones a las divorciadas se les hace sentir como marginadas o ciudadanas de segunda clase, en lugar de darles la ministración que tanto necesitan de los que Dios ha designado y llamado a ser su cuerpo sanador.

¿POR QUÉ, DIOS, POR QUÉ?

No tengo que explicarte cómo la muerte de un matrimonio suele llevar con ella el mismo duelo que podrías experimentar sobre la pérdida de un ser amado por muerte física. Pero el divorcio puede ser aun más dañino por los sentimientos de fracaso, rechazo y traición.

Aunque algunas veces hay un sentimiento de tremendo alivio al salir de una situación en la que el rencor y el maltrato habían provocado que muchos corazones sangraran sin control, es probable que quede un residuo múltiple de enfermedades emocionales. Ve si puedes identificarte con alguno de estos comentarios:

> ❧ Ya tomé una mala decisión una vez. ¿Puedo volver a confiar en mí misma otra vez? ¿Cómo es que no pude reconocer las señales de peligro cuando todavía podía hacer algo para remediarlas?

> ❧ No podía vivir con él, pero ¿cómo voy a vivir sin él? No puedo aceptar estar sola pro el resto de mi vida.

> ❧ Soy vulnerable y tengo miedo de mi propia necesidad. Soy lo suficientemente lista para saber que "en una tormenta cualquier puerto es bueno" me va a traer problemas, pero realmente no sé que voy a hacer si un cándido oportunista se presenta con persuasión cálida y me atrapa en un momento débil.

꧁ ¿Qué hago con mis impulsos sexuales? Algunas veces me siento lujuriosa, no hacia nadie en particular, pero mis sentimientos simplemente están allí. Me siento culpable de tenerlos, pero no sé que hacer con ellos y me siento sucia. Algunas veces temo que la gente pueda ver dentro de mí y me quiero esconder.

꧁ Quizá *deba* esconderme. A mi esposo no le simpatizaba. Probablemente *tengo* algo mal. Realmente no me siento atractiva.

꧁ Algunas veces desearía morirme e irme al cielo. No siento que pertenezca a este lugar. Incluso algunas de mis amigas *cercanas* se ponen nerviosas cuando estoy cerca; como si fuera una arrebatadora de maridos potencial. O me evitan, como si salir conmigo las forzara a tener que tomar bandos.

Las ramificaciones sobre los hijos de padres divorciados son todavía más dolorosas:

꧁ ¿Pero qué les hice a mis hijos? ¿Podré algún día resarcírselos? ¿Y si me odian por no ser un nido seguro para ellos? Espero que no piensen que fue su culpa.

꧁ ¿Cómo voy a cuidar a mis hijos? La pensión no va a ser suficiente para complementar lo que gano. ¿Tendremos que mudarnos? ¿Y si se me descompone el coche? ¿Y si algo me pasa? ¿Qué van a hacer los niños?

꧁ Mis hijos necesitan un padre. ¿Está bien que me vuelva a casar? ¿Qué dice la Biblia? ¿Qué dice la Iglesia? ¿Qué va a pensar la gente de mí?

La preguntas pueden continuar hasta el infinito, hasta el punto del agotamiento. ¿Quién puede dormir en paz? ¿Qué *dice* la Biblia acerca del divorcio?

LA POSICIÓN DE LA BIBLIA SOBRE EL DIVORCIO

Creo que necesitamos abordar la cuestión desde el contexto de la cultura oriental en la que fue escrita la Biblia; de otro modo, recurrimos al legalismo y nos perdemos los elementos esenciales del propósito de Dios para la ley. La ley fue dada principalmente para nuestra protección, ¡no para nuestro castigo!

Durante siglos ha sido posible que un esposo árabe se divorcie de su esposa verbalmente. La divorciada tiene el derecho llevarse la ropa que lleva puesta, y el esposo no puede quitarle nada que lleve consigo. Por esta razón se volvió importante llevar monedas en los turbantes, en los anillos y en los collares como ayuda en el momento de mayor necesidad de la mujer divorciada. Esta es una razón por la que hay tanto interés en el adorno personal de las novias en los países orientales. Estas costumbres de divorcio sin duda prevalecían en las tierras gentiles en tiempos del Antiguo Testamento. Fue por esta razón que la ley de Moisés limitó el poder del esposo para divorciarse de su esposa, requiriendo que le diera *carta* de divorcio (Deuteronomio 24:1). Por lo tanto, la costumbre judía sobre el divorcio era superior a la árabe.

Es importante recordar que el pecado de adulterio no tenía nada que ver con el asunto del divorcio bajo la ley judía. Ese pecado era castigado con la muerte (Levítico 20:10 y Deuteronomio 22.22) por apedreamiento. Si un marido encontraba cualquier detalle en su esposa que no le gustara podía darle carta de divorcio, lo cual le daba el derecho de casarse con otro hombre

(Deuteronomio 24:2). Un hombre culpable de infidelidad era considerado un criminal solo cuando invadía los derechos de otro hombre. Una mujer no tenía permitido divorciarse de su esposo. El profeta Malaquías enseñó que Dios odia el repudio y condena severamente a cualquier hombre que trate de manera desleal a la mujer de su pacto (Malaquías 2:14-16). Esta era la actitud de los hebreos con respecto al divorcio. El Señor Jesús barrió con todos los fundamentos para el divorcio bajo la ley, e hizo que la infidelidad se convirtiera en la única causal bajo la dispensación cristiana (Mateo 5:31-32).[1]

Observa el progreso a favor de la protección de la mujer de los caprichos abusivos de los hombres que las trataban como mercancía y que las repudiaban por cualquier cosa que un marido insatisfecho pudiera considerar "indecente".

Jesús dijo en Mateo 19:9: "Y yo os digo que cualquiera que repudia a su mujer, *salvo por causa de fornicación,* y se casa con otra, adultera; y el que se casa con la repudiada, adultera" (*énfasis añadido*). El mismo mensaje fue dado en Mateo 5:31-32, con el comentario adicional de que si el hombre se divorcia de su esposa por cualquier otra razón que no sea inmoralidad, él *hace* que ella cometa adulterio, y el que se casa con la mujer divorciada comete adulterio.

Incluso los discípulos, arraigados en las maneras tradicionales de pensar, objetaron la nueva restricción sobre los hombres. "Le dijeron sus discípulos: Si así es la condición del hombre con su mujer, no conviene casarse" (Mateo 19:10).

¡Qué mejor herramienta podría habérsele dado a una mujer para evitar que fuera víctima de un marido que no pudiera verla (principalmente por la tradición cultural) como una persona sino como un objeto para darle placer! Si fuera repudiada, ella y su familia llevarían la vergüenza.

Y aunque fuera obligada a casarse de nuevo, no se casaría bien, ni se casaría con honor.

Como escribí anteriormente, Jesús comenzó a restaurar la relación entre hombres y mujeres al diseño original de Dios. Pablo continuó en ese mismo camino. Hoy, en muchos países del mundo, se le permite a la mujer iniciar una querella de divorcio sobre los mismos causales que el esposo.

A medida que los hombres y las mujeres aprenden verdaderamente a caminar en el Espíritu Santo de Dios, debe existir más y más capacidad de respetar y valorar a la persona única que es el otro. Por la misma moneda, debería existir muchísima más reverencia en los corazones del pueblo de Dios por las leyes eternas de Dios. Pero la reverencia a la ley de Dios esta a mundos de distancia del legalismo.

La letra mata

Necesitamos entender que el mismo Dios que nos dio la ley, también es el que:

> El cual asimismo nos hizo ministros competentes de un nuevo pacto, no de la letra, sino del espíritu; porque la letra mata, mas el espíritu vivifica.
>
> 2 CORINTIOS 3:6

Nuestro Señor es por naturaleza un Dios de misericordia

> Pero Dios, que es rico en misericordia, por su gran amor con que nos amó, aun estando nosotros muertos en pecados, nos dio vida juntamente con Cristo (por gracia sois salvos),
>
> EFESIOS 2:4-5

Dios no nos debe una explicación por sus actos de misericordia

Pues a Moisés dice: Tendré misericordia del que yo tenga misericordia, y me compadeceré del que yo me compadezca.

Romanos 9:15

El pueblo de Dios ha sido llamado a expresar su misericordia

Sed, pues, misericordiosos, como también vuestro Padre es misericordioso.

Lucas 6:36

Porque juicio sin misericordia se hará con aquel que no hiciere misericordia; y la misericordia triunfa sobre el juicio.

Santiago 2:13

"¡Pero mi esposo no es creyente!"

Algunas veces uno de los compañeros cree tener justificación para dejar al otro simplemente porque no es creyente. A menudo sacan de contexto 2 Corintios 6:14, que dice: "No os unáis en yugo desigual con los incrédulos; porque ¿qué compañerismo tiene la justicia con la injusticia? ¿Y qué comunión la luz con las tinieblas?", como una excusa para justificar el divorcio. Como dije anteriormente, como el pueblo de Dios, somos llamadas a expresar misericordia, y eso incluye a nuestro cónyuge incrédulo. Si podemos participar del corazón misericordioso de nuestro Señor, entonces no tendremos problemas para aceptar lo que Pablo dice:

> Porque el marido incrédulo es santificado en la mujer, y la mujer incrédula en el marido; pues de otra manera vuestros hijos serían inmundos, mientras que ahora son santos. *Pero si el incrédulo se separa, sepárese; pues no está el hermano o la hermana sujeto a servidumbre en semejante caso, sino que a paz nos llamó Dios.* Porque ¿qué sabes tú, oh mujer, si quizá harás salvo a tu marido? ¿O qué sabes tú, oh marido, si quizá harás salva a tu mujer? Pero *cada uno como el Señor le repartió, y como Dios llamó a cada uno, así haga;* esto ordeno en todas las iglesias.
>
> 1 CORINTIOS 7:14-17, *ÉNFASIS AÑADIDO*

Creer ciertamente involucra más que solo lo que profesamos con nuestras palabras. Jesús dijo: "Este pueblo de labios me honra; mas su corazón está lejos de mí" (Mateo 15:8; Marcos 7:6). Si tu cónyuge no te abandona, entonces has sido llamada a mostrarle misericordia.

¿Significa eso que el cónyuge salvo debe soportar la conducta abusiva del otro? No lo creo.

Hace muchos años, John y yo aconsejamos a una pareja que profesaban ser cristianos, pero su matrimonio estaba en problemas profundos. Al escucharlos a los dos, se nos hizo más y más obvio que ella estaba arrogándose con vigor toda la justicia y que lo atacaba persistentemente, no solo directamente, sino a lo largo de la comunidad; donde alguien le diera oído. Él reconoció sus pecados y se arrepintió; pero ella no reconoció ningún pecado.

Durante nuestro tiempo devocional el Espíritu Santo nos dirigió a una Escritura que nos hizo ver las cosas de otra perspectiva:

Hay generación limpia en su propia opinión, si bien no se ha limpiado de su inmundicia. Hay generación cuyos ojos son altivos y cuyos párpados están levantados en alto. Hay generación cuyos dientes son espadas, y sus muelas cuchillos, para devorar a los pobres de la tierra, y a los menesterosos de entre los hombres.

Proverbios 30:12-14

Casi al mismo tiempo exclamamos: "¡Así es! ¡Es igual! ¡Solo cambia la palabra hombre por mujer!".

Su esposo no solo estaba sangrando por sus constantes ataques, pero también se estaba muriendo emocional y espiritualmente, y su salud estaba comenzando a desmoronarse. Pero estaba determinado a buscar la reconciliación. Hicimos todo lo que pudimos para ayudarlos a ambos, pero ella no quería saber nada.

Finalmente, se divorció de ella y se volvió a casar, esta vez con una mujer que sabía como cuidar su corazón. El Señor, en su misericordia, bendijo abundantemente su relación, sus finanzas, su salud y el ministerio al que lo había llamado.

¿Qué le sucedió a su ex esposa? ¡Lo último que supimos es que seguía convencida de ser la única justa en la historia de su relación y que Dios finalmente traería a su marido de regreso!

¿Era la voluntad de Dios restaurar ese matrimonio? Por supuesto, pero en un caso como este donde uno de los dos persiste incesantemente y sin arrepentirse en una conducta agresiva y destructiva que literalmente deshace la vida del otro, y se rehúsa a arrepentirse de cualquier error, la reconciliación entonces se vuelve imposible. Dios no va a violar el libre albedrío de nadie. No obstante, Él puede expresar su misericordia y liberar de la zona de guerra al que está sinceramente arrepentido.

¿Alguna vez se convirtió
la boda en matrimonio?

Los votos se intercambian en la ceremonia, pero ¿se ha vuelto el matrimonio "de una sola carne" una realidad? ¿El marido se deslindó ya del apego paterno? ¿O se encuentra en una relación adúltera con sus padres, mientras que ciegamente y obstinadamente defiende su posición?

Jesús citó Génesis 2:24: "Por esto el hombre dejará padre y madre, y se unirá a su mujer, y los dos serán una sola carne" (Mateo 19:5). Supongamos que la parte de "se unirá" nunca se lleva a cabo ya que no se cumple el prerrequisito de "dejará". El "dejará" necesariamente precede al "se unirá".

He escuchado relatos lastimosos de varias mujeres que han vivido durante años con "maridos" que nunca tuvieron relaciones sexuales con ellas, o que lo hicieron durante un breve periodo después de la boda y que luego huyeron por completo de la intimidad.

Estas mujeres buscaron consejería para ellas mismas, pero sus "compañeros" obstinadamente se rehusaron a reconocer que había un problema. Las mujeres estaban profundamente heridas porque llevaban el título de "señora", pero en realidad solo eran cocineras, amas de casas, anfitrionas, compañeras de cena y lavanderas. Se sentían menospreciadas, rechazadas y usadas, al mismo tiempo de estar unidas legalmente en lo que nunca había sido un matrimonio.

¿Entonces cuál era su razón para seguir con la relación? Demasiadas veces he escuchado: "Porque no sé que pueda hacer él". O: "Porque en nuestro pueblo la gente lo tiene en alta estima, y tengo miedo de lo que la gente pueda pensar de mí"; "Porque mi iglesia enseña en contra del divorcio y terminaría condenada"; "Porque temo perder mi salvación".

Casada por las razones incorrectas

Algunas veces hay muchachas que se casan demasiado jóvenes por las razones incorrectas. Se van de casa en rebeldía, huyen heridas, llenas de temor y confusión. No tienen idea de lo que les espera allá en el mundo, pero el abuso constante al que han sido sometidas en casa ya no puede ser tolerado. Huyen, y siguen huyendo hasta el agotamiento y la futilidad.

¿Dónde puede conseguir una niña de trece años algo que comer y un lugar para dormir? ¿Cómo puede sostenerse sin trabajo? Como está convencida de que nada puede ser tan malo como lo que dejó atrás, regresar a casa es impensable, pero está hambrienta, tiene frío y está sola.

¿Qué defensa tiene contra los proxenetas, los traficantes de drogas o cualquier otra clase de oportunistas? No ha desarrollado el discernimiento para identificar y rechazar los problemas en disfraces no familiares, no tiene la madurez que la ayude a proyectarse al futuro y sopesar los resultados probables de sus decisiones.

Sus emociones son un caos. Es presa fácil para cualquiera que le ofrezca cualquier tipo de consuelo tangible. Si encuentra un hombre que parezca hacerle promesas razonables para cuidarla, quizá se apegue a él por necesidad; incluso quizá se case con él en cierto momento. Supongamos luego que más tarde descubre que está atada a una pesadilla mayor que de la que huyó en primer lugar. ¿Nuestro Dios compasivo y amoroso la ataría a ese pacto matrimonial para siempre?

Sue (no es su verdadero nombre) tenía trece años cuando huyó de la pesadilla en la que vivía en casa para seguir un sueño y una promesa.

Cuando Sue apenas tenía dos años su mamá se fue y nunca regresó. Sue apenas y la recordaba, y nadie hablaba de lo que había pasado. Su padre era un alcohólico violento y sus hermanos eran abusivos e iracundos sin que hubiera nadie que los detuviera.

Ocasionalmente, cuando las cosas se ponían peor de lo que podía soportar se las arreglaba para salirse y tomar una larga caminata alrededor del barrio, aunque sabía que de seguro la iban a castigar cuando regresara. Algunas veces soñaba con vivir en casa de otra persona.

Había notado como a otros niños que jugaban felizmente en el patio los llamaban a casa para darles una galleta u otro dulce. Ella nunca sabía lo que podría pasar si un miembro de su familia abría la puerta trasera y la llamaba. Ella anhelaba tener un amigo con el cual conversar.

Un día caminó frente a la casa de un hombre que vivía a varias calles de distancia. Él notó a esta pequeña niña triste que pasaba frente a su casa; muchas veces dejaba de hacer lo que estaba haciendo para hablar con ella. Para Sue, este hombre parecía ser todo lo que su padre no era: comprensivo y compasivo. Y durante un momento no se sentía tan sola y asustada. Con el tiempo, se hicieron amigos y ella comenzó a revelarle su corazón.

Finalmente este hombre la invitó a mudarse con él a otra ciudad, y como no había nadie que la detuviera lo siguió. Pero, luego, la realidad comenzó a golpearla. Una vez más era objeto del maltrato y pronto se convirtió en madre. Se quedó con él viviendo en unión libre durante más de dieciocho años.

Durante esos años él comenzó a beber más seguido, volviéndose cada vez más abusivo y violento, igual que su padre. Ella comenzó a temer por sus dos hijas que seguían en casa. Buscó ayuda en la iglesia y desarrolló una relación con el Señor. Después de un largo periodo, adquirió suficiente fuerza interior y autoestima para levantarse y decirle que "no" a su marido, y lo dejó.

Estudió para obtener su certificado de bachillerato y se esforzó mucho por darles un hogar a las niñas. Nunca había suficiente dinero para cubrir sus necesidades físicas, pero al parecer había más seguridad en la pobreza que en la relación de la que había huido.

Más tarde Sue desarrolló una relación amorosa con un hombre que le propuso matrimonio. Después de un tiempo de prueba y consejo cristiano, se casó con él, pero era divorciado. Algunos de los legalistas de su iglesia de inmediato la señalaron sin preocuparse por su historial de maltrato ni de tomarse el tiempo de comprender las circunstancias de las cuales ninguno de los dos había salido.

Un llamado a la compasión

Jesús dijo: "Así que no son ya más dos, sino una sola carne; por tanto, lo que Dios juntó, no lo separe el hombre" (Mateo 19:6). ¿En tal caso fue Dios el que los *juntó?* Se pronunciaron algunas palabras como entrada formal a lo que nunca llegó a ser la relación que Dios tiene en mente para un hombre y una mujer. El Señor en su sabiduría quizá sabía que no había esperanza de cambio.

Yo creo fuertemente que Dios mismo puede (y con toda seguridad *lo hará)* decidir en su misericordia separar lo que un hombre y una mujer en su ingenuidad o tontería creyeron haber unido. Yo me atrevería a sugerir que cuando el arrepentimiento es real y el Señor otorga el perdón, incluso conceda su gracia para un nuevo comienzo.

Las palabras del salmista han reposado como un ungüento consolador sobre innumerables corazones quebrantados:

> Acuérdate, oh Jehová, de tus piedades y de tus misericordias, que son perpetuas. De los pecados de mi juventud, y de mis rebeliones, no te acuerdes; conforme a tu misericordia acuérdate de mí, por tu bondad, oh Jehová.
>
> Salmos 25:6-7

Creo que Jesús le sigue diciendo las mismas palabras a los fariseos como hace dos mil años: "Id, pues, y aprended lo que significa: *Misericordia quiero, y no sacrificio*. Porque no he venido a llamar a justos, sino a pecadores, al arrepentimiento" (Mateo 9:13, *énfasis añadido*).

Hay muchas otras situaciones que llaman a la compasión. Por ejemplo, ¿qué hay de la esposa a la que su marido le ocultó (a ella y a sus hijos) sus tendencias homosexuales? De pronto se encuentra sola porque él ha decidido salir del clóset y ya no quiere seguir casado. ¿Qué puede hacer?

¿O que hay de la pareja que estuvo metida en las drogas y ahora la esposa es cristiana y se ha alejado de ese estilo de vida, pero su marido sigue consumiendo drogas? ¿Debe ella permanecer casada con un adicto? O todavía peor, ¿y si los niños están involucrados? ¿Se queda con él, porque después de todo, sus hijos necesitan un padre, sin importar que sea un drogadicto?

Si vamos a llamarnos cristianas, debemos ver a cada persona como un individuo por el que Cristo murió. Es bueno considerar que si no fuera por la gracia de Dios en nuestra vida bien podríamos estar sufriendo tanto como ellos. No debemos permitirnos formar opiniones duras con respecto a ellos por lo que se ve en la superficie de su vida. Si vivimos y oramos en el nombre de Jesús, no podemos juzgar a otra persona con condenación. No debemos caer en el error de los fariseos de hacer generalizaciones con respecto a la gente que ha sufrido el devastador dolor del divorcio.

Por otro lado, no voy a hacer generalizaciones de misericordia que eviten que cada uno evalúe su propia alma. "Pero cada uno como el Señor le repartió, y como Dios llamó a cada uno, así haga; esto ordeno en todas las iglesias" (1 Corintios 7:17).

Por favor no me malentiendan. Le advierto a todas a no tomar las leyes de Dios a la ligera; Él nos tomará cuentas. Instó a todas a orar por sabiduría, discernimiento y confianza para reconocer y aceptar la mejor voluntad de Dios.

Comenzar de nuevo

Si tu marido te dejó por otra, o simplemente por diferencias irreconciliables, no te permitas quedar atrapada en el cautiverio de un intento super-intensivo de hacerlo volver por cualquier medio. Quizá el Espíritu Santo ya te dijo que ores diligentemente por una reconciliación, obedécelo. Verifica los resultados; especialmente si tienes hijos, porque es probable que ni siquiera se dé cuenta de lo que haga. Pero te advierto en contra de poner todas tus esperanzas en el regreso de tu esposo como si tu misma vida dependiera de ello. Algunas mujeres han persistido en esta dirección hasta el punto de la idolatría y de una manipulación insoportable.

Algunas mujeres han seguido batallando en oración incluso tiempo después de que su ex marido se ha casado con otra y tenido hijos con su nueva esposa. Ahora hay niños inocentes que considerar, los asuntos se complican y no hay una clara salida moral, aunque la letra de la ley quizá diga que *tú* eres la que tiene la razón.

Ten la tranquilidad de que si tu matrimonio es restaurado o no en una fecha futura, el Señor no te va a abandonar como persona. Él tiene un plan perfecto para ti y un propósito lleno de significado que nunca olvida.

Quizá todavía no sepas cuál es; no obstante, busca "primeramente el reino de Dios y su justicia, y todas estas cosas os serán añadidas" (Mateo 6:33). La palabra *cosas* en este pasaje se refiere específicamente a comida y vestido: provisiones materiales de las que se nos instruye que no estemos afanosas. Creo que Dios también suple nuestras necesidades emocionales y espirituales cuando buscamos su Reino y su justicia.

Te imploro que no seas tu propia consejera. No estás en una posición para tener una perspectiva clara, sin prejuicios, con respecto a tus propios problemas. Ora para encontrar a alguien que pueda discernir tus pensamientos, que te escuche con un oído compasivo, que converse contigo y que te aconseje sin controlarte, y que ore contigo acerca de todos tus problemas.

Es importante que descubras las posibles raíces de disfunción en ti que hayan contribuido para el rompimiento de tu matrimonio o para evitar su restauración. Necesitas descubrir los factores en operación que te hayan cegado de tal manera que hayas decidido mal.

Si sigues sin cambiar tu punto de vista, con toda posibilidad vas a cometer los mismos errores. El Señor, por medio de su cruz quiere liberarte del pasado y hacerte crecer en todo su propósito, incluyendo la habilidad de participar más tarde en relaciones sanas y saludables posiblemente con otro hombre.

Busca una iglesia que tenga una estructura de grupos pequeños de apoyo en la que puedas desarrollar un sentido de pertenencia a una familia. Date la oportunidad de hacer nuevas amigas que te amen incondicionalmente, que te animen y te cuiden, te aconsejen y te confronten sin condenarte y que te provean cuando tengas necesidades especiales. Entra en esta estructura también con la determinación de darte para servir a otros.

Necesitas saber que Dios mismo te ama incondicionalmente y eternamente. No tienes que merecerte o ganarte su amor, y no puedes perderlo. Incluso su disciplina es buena para ti.

> Y aquéllos, ciertamente por pocos días nos disciplinaban como a ellos les parecía, pero éste para lo que nos es provechoso, para que participemos de su santidad. Es verdad que ninguna disciplina al presente parece ser causa de gozo, sino de tristeza; pero después da fruto apacible de justicia a los que en ella han sido ejercitados. Por lo cual, levantad las manos caídas y las

rodillas paralizadas; y haced sendas derechas para vuestros pies,
para que lo cojo no se salga del camino, sino que sea sanado.

Hebreos 12:10-13

El deseo del Señor no es castigarte por tus errores, sino disciplinarte
en amor para que no los repitas sin darte cuenta. Su deseo es redimir tus
errores y restaurarte a plenitud.

¿Qué hay acerca de las preguntas (mencionadas al principio de este
capítulo) que te persiguen?

1. *¿Tomaste una mala decisión?* ¿Puedes confiar en tu juicio una
vez más? Dios no solo te va a perdonar tus errores, sino que
también es capaz de redimirlos. Puedes confiar en su habilidad
para purificar y transformar tu juicio. Pero Él necesita una
invitación de tu parte y tu cooperación.

2. *¿No puedes soportar estar sola por el resto de tu vida?* No te
apresures a llenar el vacío. Los brazos de Dios son los únicos
brazos seguros a los que puedes correr. Cuando se conozca
la noticia de tu divorcio, los depredadores van a tratar de
cercarte. Algunos saben que se están aprovechando de tu
vulnerabilidad y de todos modos lo harán sin conciencia.
Otros que están buscando solaz y confirmación para sí, lo
harán a tus expensas, presionándote a tener relaciones sexuales,
convencidos de que solo te quieren ayudar. No pongas en
riesgo lo que Dios ha planeado para tu futuro al tomar algo
barato que te consuele en tu momento presente de dolor. Ese
tipo de consuelo te ayuda con tu dolor en la misma medida
que un gas venenoso.

3. *¿Tienes miedo de tus propias necesidades?* ¡Bien! Díselo a Dios.
Habla con una amiga en la que puedas confiar.

4. *¿Qué puedes hacer con tus impulsos sexuales?* Tener relaciones
sexuales después de divorciarte puede ser una de las
experiencias más confusas, degradantes y humillantes de tu
vida. No te avergüences de tus impulsos sexuales. ¡Estás viva!
También has vuelto a ser soltera. (Consulta la sección acerca
del sexo y las solteras en el capítulo anterior).

5. *¿No te sientes atractiva?* Tu cuerpo es templo del Espíritu
Santo (1 Corintios 6:19). El templo de Dios es hermoso. Ora
para verte con los ojos de Dios.

6. *¿Los viejos amigos se sienten incómodos cerca de ti?* Decide
perdonar. Ocúpate en cosas que te gustaría hacer. Haz nuevas
amigas. Las antiguas, si son genuinas, volverán en poco
tiempo. Recuerda que ellas también tienen dolor y no saben
qué decir o hacer.

7. *¿Cómo les puedes ministrar a tus hijos?* Habla con ellos.
Necesitan escuchar que *tu* divorcio no es *su* culpa. Pide perdón
por los fracasos y las rupturas. No tienes que decir que todo
es culpa tuya; eso no es cierto. Y tampoco hagas comentarios
malos sobre tu ex marido. Tan malo como haya sido recuerda
que sigue siendo su padre. Necesitan saber que sientes
profundamente no haber podido mantener un ambiente
familiar seguro, con dos padres.

Asegúrales que nunca los vas a dejar. Comparte con ellos
momentos de calidad que incluyan recreación. Felicítalos y
prodígales abundantes muestras de cariño de acuerdo con su

edad. No dejes de cumplir la más pequeña de las promesas que les hagas.

Si vas a llegar tarde a casa de trabajar, llámalos para que lo sepan. Necesitan la seguridad de saber dónde estás y que estás preocupada por ellos. Anímalos a hablar de sus sentimientos. Asegúrales que está bien estar enojados o tener miedo.

Enséñales con tu ejemplo maneras constructivas para manejar las emociones como la ira y el temor. Ora con ellos, expresando tus sentimientos honestamente, invocando el consuelo y la fortaleza de Dios, y confirmando su amorosa presencia contigo (sin importar si la sientes o no). Juega con ellos. La vida es pesada ahora, y la atmósfera se puede aligerar para ti y para ellos si pueden hacer cosas juntos regularmente.

8. *Ora por un buen trabajo, buena salud y la humildad para pedir ayuda cuando la necesites.* Quizá tengas que llevar a cabo varios ajustes financieros que van a requerir que jerarquices asuntos con los que nunca habías tenido que lidiar. Pero los niños van a encontrar su seguridad más en atención amorosa y cuidados que en las provisiones materiales. No sacrifiques su bienestar emocional y espiritual por un trabajo que te lleve lejos de ellos mucho tiempo.

9. *No es de primera importancia lo que la gente piense de ti.* Es extremadamente importante lo que Dios piense de ti, pero Él ya te conoce mejor de lo que tú te conoces y puede juzgar los pensamientos y las intenciones de tu corazón con una comprensión misericordiosa.

Si estás en un periodo de separación, te estás divorciando o ya te divorciaste, recuerda que tienes un sumo sacerdote que se compadece de tus debilidades (Hebreos 4:15). Puedes acercarte confiadamente al trono de la gracia para hallar misericordia. Él sabe que criar niños sola no es una tarea pequeña, y Él va a estar allí para apoyarte a cada paso del camino. Como madre, tus mejores días están por venir. Se te ha dado el mayor llamado conocido: valora estos años.

Capítulo 10

LOS DOLORES *del* CORAZÓN *de una* MADRE

L A MATERNIDAD SIEMPRE HA SIDO UN PRIVILEGIO tremendo (y una responsabilidad) que conlleva, creo, gozos y recompensas que pesan mucho más que las posibles dificultades y aflicciones. Como madre, nunca en ninguna otra circunstancia tendrás la oportunidad de influenciar la vida de otro ser humano tan profundamente como con tu propio hijo.

No vas a experimentar la calidad de satisfacción y éxtasis profundamente enraizados como la que se siente al ver a tu descendencia madurar con entendimiento y con habilidades que sobrepasan las tuyas. Criar a un niño con cuidados amorosos y dadores de vida y con la disciplina del Señor es una encomienda sagrada y un trabajo eterno. No hay un llamado ni unción en la vida más importante para nadie.

No obstante, esta tarea enorme se convierte en una responsabilidad tremenda. En esta generación presente, las responsabilidades emocionales y espirituales de los padres se han vuelto asombrosas y atemorizantes a causa de las influencias cada vez más poderosas, seductoras y degradantes que nuestra cultura deteriorada le impone a nuestros hijos. Mientras todavía son bebés, podemos mantener cierto control sobre su ambiente.

Los primeros problemas de crianza tienen que ver principalmente con pañales y con entrenarlos a ir al baño, limpiarles la nariz, raspones y moretones, comer, dormir, limpiar sus tiraderos y descubrir qué tipo de disciplina es apropiada para que la personita descubra la libertad dentro de parámetros sanos y saludables.

Las frustraciones comienzan a levantarse cuando esa personita empieza a probar esos límites y a expresar resistencia, algunas veces de manera enfática, cuando prohibimos la exploración sin supervisión de habitaciones, cajones y retretes. Muchas veces nos descubrimos riendo por las cosas lindas que hacen o dicen.

Pero cuando tus hijos comiencen, como tiene que hacerlo, a experimentar la vida en compañía de sus compañeros comenzarán a acumularse ansiedades en tu corazón porque como madre te interesas por ellos. ¿El depósito de amor y entrenamiento que has derramado en tu descendencia será suficiente para ayudarlos a resistir la fuerza negativa de las influencias externas?

INCREMENTO DE LAS ANSIEDADES DENTRO DE NUESTRA CULTURA CAMBIANTE

Cuando mi esposo y yo estábamos criando a nuestra familia, estábamos sumamente preocupados por el vocabulario sucio que nuestros hijos escuchaban de otros niños en nuestro barrio, pero los que hablaban con imprecaciones eran la minoría. Las expresiones de profanidad y obscenidad eran relativamente limitadas y palidecían en comparación con los estándares actuales.

Hoy en día esa manera de hablar se ha vuelto un lugar común, tanto así que en la población general pocos parecen ofenderse. Y si tú expresas tus objeciones abiertamente, eres ridiculizada como "fanática religiosa" o "mojigata".

No hace muchos años los programas de televisión y las películas estaban sujetas a una censura más bien estricta. Los actores y las actrices llevaban ropa de dormir en las escenas dentro de las habitaciones y los interludios románticos eran dejados a la imaginación. Hoy en día, una familia comienza a disfrutar lo que cree que es una película sana y de pronto se encuentran viendo un episodio pornográfico que poco tiene que ver con la trama.

En las generaciones anteriores, las travesuras eran una parte normal del crecimiento, pero no se escuchaba de vandalismo destructivo y deliberado. Por ejemplo, solía suceder que cuando alguien se despertaba el fin de semana encontraba su jardín del frente creativamente recubierto de papel de baño por un grupo de adolescentes que habían estado de fiesta. Pero las propiedades escolares no eran destruidas sin control por delincuentes de once y doce años de edad.

Los maestros todavía tenían autoridad para disciplinar a sus alumnos, incluso en muchas escuelas se les permitía darles una nalgada con una palita de madera o una regla.

La mayoría de los niños pasan por un periodo de fascinación encendiendo fósforos, que de vez en cuando de manera accidental se sale de control. Nuestro hijo Johnny cierta vez quemó la esquina de su sábana y Tim hizo que saliera una flama todavía más seria en el sótano de la casa donde vivíamos, pero los dos niños tuvieron la consciencia de apagar las llamas antes de que el fuego se extendiera. También aceptaron las consecuencias disciplinarias de sus aventuras y aprendieron de sus experiencias.

Los muchachos solían jugar a policías y ladrones en los patios, los callejones y los lotes baldíos. Solo era un juego, y tomaban turnos para ser "los buenos", que generalmente eran los que ganaban. Hoy leemos reportes en nuestros periódicos acerca de muchachos que llevaron armas de fuego reales a la escuela y que de hecho le dispararon a sus compañeros de juego, sus maestros o sus padres. Las presiones inmanejables están incrementando en el mundo de hoy, y las riendas se están desmoronando.

Pocos jóvenes de las generaciones anteriores probaron los cigarros (o copias hechas en casa) o la cerveza. No obstante, cerca del tiempo en que nuestros hijos llegaron a la adolescencia, algunas drogas, principalmente la marihuana, eran fáciles de encontrar, aunque no por los niños de escuela primaria. Ahora, los jóvenes pueden experimentar con drogas como el crack y la cocaína y quedar de inmediato enganchados. Necesitamos vigilar nuestras esquinas y callejones con cuidado para encontrar traficantes. Y muchos niños no tienen que salir de casa para tener una provisión constante de bebidas alcohólicas.

La fornicación solía ser considerada un pecado. Ahora hay un impulso por promover el "sexo seguro" como un medio para proteger a nuestros hijos. Agradezco el intento de protegerlos, pero ¡qué gran mentira les comunica esto a nuestros hijos!

Muy aparte de las implicaciones morales y sociológicas sumamente reales (pero frecuentemente ignoradas, negadas o minimizadas) involucradas en la promiscuidad, hay un *hecho* que debería presentarse firme y claramente a nuestros jóvenes. Los condones *no* son (ni nunca lo han sido) garantes de sexo seguro. Fallan en sinnúmero de formas, y muchas personas que viven hoy en día fueron concebidas como resultado de esas fallas.

¿El desarrollo y el uso de medios más nuevos y sofisticados de control de la natalidad nos han llevado a olvidarnos por completo de que podemos, con o sin remordernos la conciencia, comunicarles a nuestros jóvenes una falsa seguridad?

En el momento en que escribo estas líneas, me recuerdo a mí misma que se supone que este libro debe tratar acerca de *sanar* las emociones de la mujer. Ahora me estoy comenzando a sentir un poco emocional al identificarme con la pena y la ansiedad de las madres en todas partes que ven a sus hijos, especialmente a los adolescentes, absorbidos por la corriente de nuestra cultura contaminante y seductora y que muchas veces son vencidos por ella.

Comenzamos a experimentar un sentimiento de impotencia para proteger y retener a nuestros "bebés" del río que amenaza con destruir su vida. Por favor no se desalienten. *Voy* a cambiar a un tono más positivo y sanador. Pero primero es útil comprender cómo llegamos a un predicamento cultural como el actual y estar alertas a las "soluciones" populares que probablemente no son adecuadas.

¿Qué provocó este desastre?

Una de las razones por la que vemos esta erosión de valores en nuestra sociedad es porque hay demasiados huérfanos (sea emocional o físicamente), principalmente debido a las guerras que se llevaron a sus padres lejos de casa y que cobraron la vida de tantos de ellos. Cuando las guerras terminaron, grandes cantidades de los que regresaron estaban heridos emocionalmente y estaban ocupados tratando de recuperar su educación o su trabajo, hasta el punto en que los niños no recibieron atención ni tiempo de calidad. Por lo tanto, como consecuencia de la carencia de una relación y un ejemplo adecuados, muchos hombres nunca supieron como ser padres cariñosos y firmes. Algunos abdicaron a su posición inconscientemente como fruto de la ignorancia y otros conscientemente por frustración y temor.

Otra razón es que el respeto por lo absoluto y las leyes eternas de Dios se ha erosionado. La imagen que desarrollamos de Dios el Padre tiene la forma y el color a nivel de nuestro corazón de lo que experimentamos con nuestros padres naturales.

Si tu padre no te dio cariño ni te protegió, entonces surge la pregunta: ¿por qué Dios el Padre sí? Si tu padre te rechazó y te abandonó física o emocionalmente vas a esperar que tu Padre Dios haga lo mismo. Si tu padre te maltrató, entonces tiendes a ver a Dios como agresivo e injusto. Si tu padre nunca te dio su apoyo, entonces probablemente tengas problemas para creer que Dios es real. Si tu padre estuvo presente, pero era distante emocionalmente y nunca te disciplinó, entonces te va a resultar imposible creer que Dios te pedirá cuentas en amor.

Las que han sido heridas seriamente en alguna forma por sus padres naturales serán extremadamente vulnerables a la voces humanistas que defienden un tipo de anarquía moral y espiritual que da por descontadas las leyes eternas de Dios y proclama que cada persona es su propio dios. En este nuevo sistema "mis sentimientos" se disfrazan de la verdad, y "mis necesidades" son prioridad sobre la honestidad y el bienestar de toda la familia o de otros grupos.

Las tasas de divorcio que se han disparado radicalmente, también han contribuido con esta confusión. Miles de madres (y un número cada vez mayor de padres) están tratando de criar a sus hijos en hogares monoparentales, usualmente bajo un estrés tremendo.

Aunque incluso estés haciendo un gran trabajo, el propósito de Dios nunca fue que lo hicieras a doble turno. Él no te preparó para ser madre *y* padre al mismo tiempo. Las madres solteras están clamando por ayuda. Aunque la Biblia dice una y otra vez que cuidemos de los huérfanos, pocas iglesias u otras organizaciones están estructuradas para satisfacer las necesidades de un segmento en tan rápido crecimiento de nuestra sociedad.

El dilema de la crianza

Muchas parejas recién casadas, heridas e intimidadas por lo que han experimentado personalmente, están tomando la decisión de no tener hijos porque no quieren la "terrible" responsabilidad de criarlos en un mundo como este.

Las adolescentes se practican abortos sin el conocimiento de que están cometiendo un asesinato, del cual con el tiempo van a cosechar. Y las autoridades "ilustradas" las están persuadiendo con mentiras de que realmente no está involucrado ningún asunto moral en ello.

De la misma manera, cantidades cada vez mayores de adolescentes y señoritas están dando a luz a bebés cuando no tienen ni la más mínima idea de lo que es ser madre. Están en una etapa naturalmente egoísta de su propio desarrollo y no tienen la madurez para sacrificar su propia comodidad o sus deseos de manera consistente por el bien de sus bebés.

Cuál sea la razón para quedar embarazadas, no están conscientes que el poder que motiva su afecto no es bendecir al bebé primero, sino consolarse a sí mismas. A menos de que otros miembros de la familia apoyen a estas niñas-mamás hasta que alcancen la madurez, muchas veces abandonan, maltratan o descuidan a sus bebés.

Muchas personas que han decidido no tener familia tienen razones sustanciales para temer por sus hijos, ya que ellas mismas carecen del conocimiento, la experiencia y la sabiduría necesarias para brindar la calidad de amor y disciplina para construir un cimiento firme y una estructura familiar segura. No pueden ser ejemplo de algo, o comunicar algo, que nunca recibieron. Ahora, a medida que los problemas surgen, muchas están intentando demasiado tarde, con ansiedad y urgencia capacitarse.

Otras se sienten tan presionadas por mantener cierto estándar de vida, tan consumidas por hacer carrera o tan ocupadas con intereses personales fuera de casa que simplemente han fallado en apartar tiempo de calidad para invertirse en sus hijos.

Sin darse cuenta, han entrenado a sus hijos y a sus hijas desde sus primeros años a buscar, fuera del ambiente del hogar, relaciones significativas, confirmación y respuestas a los problemas de la vida. El pánico suele llegar de un momento a otro, y claman: "¿Cómo es que mis hijos me dieron la espalda cuando les he dado todo?". *Cosas*, tal vez, pero *no una relación real con su madre.*

Comprende a los adolescentes y confíaselos a Dios

Demasiado pocas cristianas tienen suficiente fe en el poder vencedor de Jesucristo como para confiar en que Dios utilizará el entrenamiento y los valores morales que han sembrado en la vida de sus hijos. Tienden a esforzarse demasiado por controlar y proteger a sus adolescentes justo en el momento cuando es necesario dejarlos ir emocionalmente. Los adolescentes están en el proceso de *individualizarse* y establecer su *independencia.*

Así debe ser, al crecer a la edad adulta deben poder decir: "Soy yo. Y no tú. Soy yo mismo, y tengo mi propia opinión". Es imposible para ellos tener éxito en saltar de su posición como niños, en la que se tomaban todas las decisiones por ellos, a la posición de un adulto, en la que de pronto se espera que se encarguen de su propia vida.

Los llamados "niños modelo" que un par de semanas después de salir de casa para asistir a la universidad, de pronto tienen un colapso nervioso, son un testimonio constante de esta realidad. Los años de la adolescencia necesitan ser un tiempo de aprendizaje y de transición durante el cual los jóvenes son considerados adultos, responsables delante de Dios por sus propios errores (un concepto sumamente bíblico).

Durante este tiempo un padre sabio se convierte en entrenador. Involucra al adolescente en la definición de las normas del hogar para una convivencia considerada y juntos deciden los castigos por las violaciones. Los padres les piden cuentas a los adolescentes por lo que han acordado, y vigilan que su propio comportamiento no dé ejemplo de valores contrarios.

Los adolescentes necesitan desesperadamente padres que escuchen, que crean en ellos cuando se sientan inseguros o sean incapaces de creer en sí mismos. Necesitan que sus padres confíen en ellos incluso cuando no son confiables. Las puertas de la casa necesitan permanecer abiertas a los hijos pródigos mientras los padres montan guardia en oración, para que cuando vuelvan en sí, como en Lucas 15:17, tengan un lugar al cual volver, seres queridos que los reciban con compasión.

Los adolescentes están en un proceso natural esencial para lograr lo que llamamos *internalización*. Deben examinar todo lo que se les ha enseñado, probar muchas cosas y tomar decisiones acerca de lo que van a tener como propio. Esta es una buena parte de la razón por la que son tan egoístas en este periodo. Están necesariamente trabajando en sí mismos.

Muchos padres no entienden lo que pasa, e incluso los que lo entienden, encuentran que es difícil vivir con los adolescentes. Pero si los padres ansiosos se llenan de pánico y presionan y los tratan como niños en lugar de como adultos en flor, o responden a los cuestionamientos y a las pruebas con crítica constante, los adolescentes perciben que los padres tienen todo el territorio de la justicia ocupado.

Para ser su propia persona, los adolescentes se sienten impulsados a tomar el lado opuesto, aun y cuando no sea lo que realmente quieran. En medio de la batalla que se desata, los padres cristianos muchas veces llevan a los adolescentes más allá de la individualización sana a la *rebelión*. Cuando la rebelión se apodera de un joven, lo vuelve vulnerable a cualquier fortaleza prevaleciente en nuestra cultura.

¿QUIÉN TIENE LA CULPA?

No estoy diciendo que los padres tengan la culpa de todos los pecados de rebelión de sus hijos. ¿Por qué? Primero, en cierto punto de la vida de cada persona debe hacerse responsable por sus propias reacciones.

Segundo, en el mundo actual estamos rodeados por una confusión y una impiedad cada vez mayores. Mucho de ello viene envuelto en paquetes atractivos por medio de programas de televisión y de la internet. Aunque tus hijos ni siquiera lo vean en casa, serán expuestos a ello en casa de alguien más.

Mucho de ello se presenta bajo el disfraz de nuevo conocimiento científico por impíos que se han infiltrado en nuestro sistema educativo. En muchos lugares y de muchas maneras, estos humanistas tienen una influencia importante.

Puedes enseñarlos en casa, pero de un momento a otro tu hijo va a tener que salir y relacionarse con otras personas. ¿Su experiencia educativa lo habrá preparado adecuadamente para interactuar con la gente del mundo? ¿Vas a enviar a tu hijo a escuelas cristianas? Una buena escuela cristiana puede ser útil, pero muchos de los alumnos de una escuela cristiana todavía no son cristianos. De hecho, algunos están allí porque tienen problemas que las escuelas públicas no pueden manejar.

Mucha de la confusión que hay en el mundo se le transmite a nuestros hijos por otros niños con los que se relacionan. Los niños, por naturaleza, quieren ser aceptados por sus compañeros, y van a ser vulnerables a las actitudes y valores de sus amigos. Cada vez es más difícil que un niño encuentre un amigo hoy que no provenga de una familia disfuncional.

Algunas familias son tan disfuncionales que ni siquiera reconocen que tienen problemas. Los padres, no importa cuanto se esfuercen, no pueden evitar que su descendencia se exponga a influencias negativas. No obstante, pueden brindarles la preparación para vivir con fuerza en medio de una generación impía y perversa, para resistir y estar en el mundo (sin ser de él). Mucha de la preparación se desarrolla en un niño por medio de acciones sencillas.

¿Qué puedes hacer como madre?

No toda la esperanza está perdida. Hay cosas que puedes hacer para fortalecer a tu hijo en cada etapa de su desarrollo.

Mientras tu hijo esté en el vientres, ora todos los días por su protección y bendición, y que se sienta bienvenido.

Escucha música melodiosa. Desde su concepción, tu bebé tiene un espíritu sensible, o no habría vida en su pequeño cuerpo (Santiago 2:26). Mientras que tu hijo esté en el vientre, tiene la capacidad de experimentar, recibir y responder. Si fielmente oras en voz alta, es responsabilidad de Dios hacer que algo suceda. Pídele a tu marido que pronuncie una bendición paternal. Hasta donde sea posible, mantente lejos de situaciones que produzcan tensión. No fumes, no bebas alcohol ni tomes drogas. Lleva una dieta nutritiva y haz ejercicio regularmente y descansa mucho.

Amamanta a tu bebé si te es posible

Si tienes problemas consulta la Liga de la Leche o WIC (Programa de Nutrición de Mujeres, Niños y Bebés, por sus siglas en inglés) para ayuda técnica. Si por alguna razón fuera de tu control tienes que usar botella, asegúrate de acurrucar a tu bebé mientras lo alimentas. No solo estás llenando su estómago de leche; lo estás llenando de amor.

Abraza y mece a tu bebé con ternura

Habla y cántale. Los bebés comprenden mucho más con sus pequeños espíritus sensibles que con su mente. No puedes malcriar a un niño con caricias calidas, sanas y afectuosas. Al mostrarle afecto a tu hijo, *vas a* desarrollar en él la confianza básica de que ha sido escogido y que es precioso, y descansará en un sentimiento seguro de pertenencia.

Cambia los pañales de tu bebé, incluso los demasiado sucios, con gozo

¡Deléitate con el privilegio! Por medio de esto le vas a enseñar a aceptar, apreciar y respetar las funciones naturales del cuerpo. Tu actitud influencia la sexualidad de tu bebé. Desarrolla en tu bebé expectativas silenciosas de sentirse a gusto y no avergonzado.

Anima a tu marido a participar en el cuidado del bebé

Tu esposo es la persona más importante para recibir y llevar al bebé lejos del territorio familiar de su madre. Si sus brazos son fuertes y amables, el bebé va a comenzar a desarrollar una expectativa positiva del mundo lejos de ti y de la seguridad aparte de ti. La tarea principal de un padre es llevar al bebé a la vida. El cuidado apropiado de una madre y un padre le dan al bebé la valentía para aventurarse, arriesgarse y conocer a otras personas de manera vulnerable, de espíritu a espíritu. Si tu marido se resiste a participar, pon a raya tu enojo y entrégaselo al Señor. Dios puede manejar tus emociones negativas; pero tu bebé se confundiría y se lastimaría con ellas.

Disfruta cada etapa del desarrollo de tu hijo

Date el tiempo de jugar con tu hijo. Ríe con tu hijo. Un sencillo juego de escondidillas le enseña a tu bebé que aunque desaparezcas, vas a volver con toda seguridad. Los niños pequeños se deleitan en la repetición de experiencias que les transmiten consuelo y seguridad a su corazón.

Deja a tu hijo con una niñera confiable de vez en cuando

Tu esposo necesita tener tiempos románticos contigo, y esto también le enseña a tu pequeño que aunque te vayas un rato, no lo has abandonado. No obstante, no dejes a tu bebe demasiado con una niñera de tal forma que se sienta desamparado y comience a ver a la niñera como su fuente principal de cuidados. No renuncies al privilegio de tu maternidad. Nadie te puede reemplazar de manera adecuada. Si es absolutamente necesario que trabajes y dejes a tu hijo en cierto tipo de guardería, ten cuidado de pasar tiempo regular de calidad con él al final del día. Dile a tu hijo: "¡Te extrañé! ¡Estoy tan contenta de verte!". Díselo con palabras, abrazos y por medio de participar en actividades que ambos disfruten.

A medida que tu hijo se desarrolle, lean cuentos, trabajen y jueguen juntos

Anima, felicita, escucha, enseña con paciencia y da abrazos y besos apropiados. Deja que la disciplina sea administrada de manera constante con amor y nunca con condenación.

Sé un ejemplo de oración

Dios está compasivamente interesado en los problemas personales de tu hijo sin importar que sean rodillas peladas, moretones, decepciones u ofensas. Él entiende tus temores y no ridiculiza tus lágrimas. Cuando los problemas y los sentimientos se levanten, entrena a tu hijo a hablar con el Señor de manera directa y sencilla acerca de ellos.

También compartan sus alegrías y su gratitud, dándole gracias a Dios por su amorosa presencia, su protección y provisión. *Eres una carta viviente. Eres el representante de Dios para tu hijo.*

No apagues el impulso de aventura en tus hijos

A medida que crezcan y comiencen a aventurarse en el barrio, ora por su protección y déjalos ir. Ármalos de un poco de sentido común, pero no te vuelvas sobreprotectora. ¿Cómo van a poder aprender el significado del consuelo y de la sanidad si nunca se les permite que se tropiecen y se caigan? ¿Cómo van a aprender el refrigerio deleitoso de un baño caliente si no les permites ensuciarse? Llámalos a cuentas por sus errores con una disciplina firme y justa; por su bien no los obligues a comportarse para que *tú* te veas bien. Comunica el mensaje: "Te amo demasiado como para dejar que te salgas con la tuya". Nunca les cortes tu amor. Mantente cálidamente disponible.

Dale a tus hijos espacio para crecer

Cuando tus hijos lleguen a la adolescencia, recuerda lo que te dije antes en este capítulo y suéltalos por completo en oración. En la carne, quieres atar emocionalmente a tus hijos a ti. Pero así no van a poder convertirse en su propia persona con su propio centro de decisiones. Cuando te sientas tentada a dar consejos que no te hayan pedido, muérdete la lengua. Cuando te pidan consejo, diles menos de lo que te gustaría decir. Dales la oportunidad de sacarte la información. Escucha su opinión, y trata de no alarmarte o de impactarte, es probable que solo te estén probando. Escúchalos.

Ora por la protección de tus hijos en todos los niveles de su desarrollo

Especialmente en su adolescencia, resiste con ellos en batalla espiritual contra las fuerzas de las tinieblas del mundo que pueden buscar amenazarlos, seducirlos, atacarlos, oprimirlos o alejarlos de cualquier manera. Ordénale a esas fuerzas que retrocedan en el nombre de Jesús.

Luego, ora por tus hijos para que sean fortalecidos en su espíritu, para tomar sus propias decisiones piadosas:

> Por esta causa doblo mis rodillas ante el Padre de nuestro Señor
> Jesucristo, de quien toma nombre toda familia en los cielos y en
> la tierra, para que os dé, conforme a las riquezas de su gloria, el

ser fortalecidos con poder en el hombre interior por su Espíritu; para que habite Cristo por la fe en vuestros corazones, a fin de que, arraigados y cimentados en amor, seáis plenamente capaces de comprender con todos los santos cuál sea la anchura, la longitud, la profundidad y la altura, y de conocer el amor de Cristo, que excede a todo conocimiento, para que seáis llenos de toda la plenitud de Dios.

EFESIOS 3:14-19

Sufre por ellos en oración como Pablo dijo en Gálatas 4:19. Nuevamente estás embarazada, en un sentido espiritual, con su vida hasta que Cristo sea formado en ellos. Llévalos en tu corazón (Filipenses 1:7). No debes tratar de controlarlos, o los vas a alejar de ti, de los valores que has tratado de inculcarles durante sus años de formación y del Señor. Confía en que Dios se encargará de ellos.

Al comenzar a darles a tus hijos más libertad de hacerse responsables de sus propias vidas, confía en Dios y en depósito de amor y cariño que has desarrollado en ellos. O, si sabes que esas virtudes carecen de fundamento en ellos, toma la decisión de confiar en el poder redentor de Dios.

PARA LA MADRE SOLTERA

Si eres madre soltera, toma como propias estas palabras habladas a Israel:

Porque tu marido es tu Hacedor; Jehová de los ejércitos es su nombre; y tu Redentor, el Santo de Israel; Dios de toda la tierra será llamado. Porque como a mujer abandonada y triste de espíritu te llamó Jehová, y como a la esposa de la juventud que es repudiada, dijo el Dios tuyo.

Isaías 54:5-6

Puedes descansar en Dios y descansar en Él cuando tu labor como madre se vuelva más de lo que puedes sobrellevar. Comienza por recordarte a ti misma que tus hijos son, primero que nada, un regalo de Dios (Salmos 127:3). La Palabra de Dios está llena de promesas de que Dios se hará cargo de ti y de tus hijos. Dios va a:

ॐ Brindar sabiduría, conocimiento, entendimiento y protección a los que caminan en su integridad (Proverbios 2:6-7).

ॐ Ceñirte de fuerza (Salmos 18:32).

ॐ Contestar tus oraciones (Mateo 21:22).

ॐ Suplir todas tus necesidades (Filipenses 4:19).

Dios promete ser un Padre para el huérfano (Salmos 68:5), brindar justicia, comida y vestido (Deuteronomio 10:18; 14:29). En tiempos de tribulación es una ayuda sumamente presente (Salmos 46:1). Incluso si algo fuera a sucederte, Dios se hace responsable de tus hijos (Salmos 27:10).

Tus lágrimas no van a durar para siempre (Salmos 30:5). Por lo tanto, "por nada estéis afanosos, sino sean conocidas vuestras peticiones delante de Dios en toda oración y ruego, con acción de gracias. Y la paz de Dios, que sobrepasa todo entendimiento, guardará vuestros corazones y vuestros pensamientos en Cristo Jesús" (Filipenses 4:6-7).

Eres una obra en construcción

¿Estás caminando bajo una carga de culpa porque ves a tus hijos en problemas y sientes que has fallado miserablemente como madre? ¿Crees que Dios no sabía que cometerías errores? Él sabía exactamente dónde, cuándo y lo mucho que fallarías, y de todos modos te envió a tus hijos. Si hubieras podido ser una madre perfecta, ¿crees que tus hijos responderían de una manera perfecta? Eso no es probable.

Todos fuimos creados con libre albedrío; Dios no lo quiso de ninguna otra manera, porque Él no quiere autómatas. Él quiere hijos e hijas con quienes pueda tener amistad. Dios es un Padre perfecto; no obstante, todos sus hijos excepto uno necesitan un Salvador. No hay nadie que no se haya descarriado alguna vez. No por eso Dios queda descalificado como Padre porque nosotras (como sus hijas) cometamos errores. Jesús nunca pecó, pero todos sus discípulos le fallaron, uno de ellos hasta el punto de traicionarlo. Eso no lo descalifica para ser el Señor del universo. Ni los fracasos de tus hijos te descalifican como madre. Eso no es un reflejo de tu trabajo.

Tú y yo no hemos sido madres perfectas, pero la mayoría de nosotras hemos hecho nuestro mejor esfuerzo. Todas hemos estado madurando en el proceso, y aunque muchas de nosotras somos abuelas, todavía no hemos madurado por completo. Dios nos ama incondicionalmente y no nos va a abandonar.

No es nuestra responsabilidad redimir los errores que hemos cometido con nuestros hijos. Esa es responsabilidad de Dios. Es apropiado que nos arrepintamos y le pidamos al Señor y a nuestros hijos su perdón por la culpa real e imaginaria; y que *recibamos* el perdón. Quizá nuestros hijos no están listos para perdonarnos, pero el Señor sí. Y es su tarea preparar sus corazones. Necesitas renunciar a regodearte en actitudes y acciones de autocastigo y avanzar a vivir y amar todos los días a lo máximo de tu capacidad presente; para permitirle al Señor a vivir y a amar en ti y a través de ti.

Mucha de la sanidad de nuestros hijos viene a medida de que se relacionan, aunque sea de manera remota, con el proceso de sanidad en nosotras. Entre más sanas nos volvemos, nuestras oraciones se vuelven más puras y eficaces. También es apropiado orar por la protección y bendición de nuestros hijos adultos.

¿Dices que no sientes que te "mereces" ser perdonada? Tienes razón. Nadie se merece el perdón de Dios. Pero como el Señor ya murió por tus pecados en la cruz, ¿por qué seguir condenándote y decir que no "mereces" recibir aquello por lo que Él dio su vida para que tú lo pudieras tener? Quizá ya sabes que el Señor te perdona, pero simplemente no te puedes perdonar. Si es así, te has instalado en un trono más alto que el de Dios. Dios va a dejar que nos regodeemos en nuestra autocondenación todo el tiempo que queramos, pero es la antítesis de su naturaleza y no produce un buen fruto. Reprográmate para recibir su perdón, sabiendo que Él te ha redimido y que te va a restaurar de nuevo por completo.

Redimida y restaurada

¿Cómo puedes tener fe para creer que Dios puede redimir tus errores? Isaías 51:3 promete que Dios va a consolar todos nuestros yermos y que hará nuestros desiertos como Edén y nuestras desolaciones como el huerto del Señor. Por supuesto, la Biblia está llena de ejemplos, pero déjame compartir contigo un ejemplo del poder redentor de Dios.

Liberación

Cuando conocí por primera vez a Jane, era una de esas jovencitas de las que de pronto te descubres pensando: *Ella sería realmente hermosa si pudiera bajar unos diez kilos.* Nuestro corazón se rompió cuando derramó sus sentimientos de baja autoestima y soledad, la desesperanza que tenía con respecto a su futuro, y del desaliento que sentía con respecto a cualquier posibilidad de experimentar un cambio importante.

Los padres de Jane se habían divorciado, y ella estaba viviendo con su madre que era extremadamente amargada y posesiva y que incesantemente derramaba un río vítreo de autolástima y resentimiento contra su ex esposo. Jane no tenía novio, ni vida social y pocas oportunidades para desarrollar amistades. Aunque tenía una gran habilidad musical sin desarrollar, trabajaba sin parar como veladora en un edificio público donde se especializaba en limpiar retretes. Después de aconsejar a Jane durante varias semanas, comenzamos a hablar con ella acerca de su futuro. Le sugerimos que regresara a la escuela a desarrollar sus talentos musicales o lo que fuera que su corazón anhelaba. Hablamos con ella de becas y de otras ayudas financieras. Pero no dejábamos de encontrarnos con una pared de futilidad en ella.

Entonces entendimos que había aceptado la mentira de que no debía atreverse a dejar a su madre herida, ya que de alguna forma el bienestar de su madre dependía de que se quedara en casa. Se sentía impulsada a sacrificar su vida para ser la roca de su madre y su refugio emocional. Nosotros y su padre tuvimos que persistir pacientemente en oración y en conversaciones con ella antes de que pudiera reconocer que la habían manipulado emocionalmente y que finalmente se había convertido en prisionera de un engaño.

A pesar de las protestas expresas de su madre, finalmente pudo liberarse. Se inscribió en una universidad lejos de casa, procuró su entrenamiento musical, se graduó con honores, bajó más de diez kilos y se casó con un buen cristiano.

Sin Jane, su madre no se murió, ni siquiera murió a sus actitudes egoístas ni a su enojo en contra de los que persuadimos a su hija a que se liberara. Pero Dios no ha terminado con ella todavía.

La importancia de esta historia es para decir que aunque una madre equivocada se esfuerce con todas las motivaciones pecaminosas y con todos los propósitos equivocados, Dios todavía puede rescatar a sus hijos, ponerlos en el camino correcto y llevarlos a la gloria que ha preparado para ellos.

Esperanza para hoy y mañana

Ciertamente parece que las familias disfuncionales se están volviendo la norma, y la vida de pocos niños está siendo construida sobre fundamentos libres de fracturas serias. Al mismo tiempo, el Señor está derramando su Espíritu sobre *toda* la humanidad (Joel 2:28), no solo sobre los cristianos. Esto significa que la gente en todas partes está buscando hambrienta las realidades espirituales para consolar su corazón y llenar su vacío, y no solo buscan respuestas intelectuales a los problemas. Muchos están recibiendo a Jesús como Señor y Salvador y el Espíritu Santo viene a vivir en su corazón.

Pero algunos de los que se han desilusionado de la Iglesia, y muchos que no reciben amor, ni enseñanza ni disciplina son extremadamente vulnerables y, sin discernimiento, están buscando en las filosofías de la Nueva Era y el ocultismo. Cuando se alimentan de las falsificaciones de Satanás que no pueden satisfacer, tienden a desear más porque se han tragado la mentira de pertenencia, plenitud y poder. Satanás parece ser capaz de encandilarlos con engaños lo suficientemente espirituales como para mantenerlos enganchados.

No obstante, hay miles de jóvenes vestidos de mezclilla que abarrotan las iglesias que presentan el Evangelio por medio de un estilo musical contemporáneo en una adoración que comunica un claro mensaje de esperanza de que la presencia de Jesús y su Espíritu mora en ellos. No están dispuestos a conformarse con aparentar ser cristianos o con jugar juegos. Quieren ser aceptados como son en una *familia* que ofrece amor incondicional. Anhelan experimentar el poder de un Dios viviente que cambia vidas.

La Iglesia ha sido llamada a ser un organismo de grupos familiares en los que cada miembro individual entrega su vida por otros para que cada persona pueda recibir el fundamento de afecto que su familia natural no estaba preparada para brindar. Esto es por lo que Pablo oraba:

> Para que habite Cristo por la fe en vuestros corazones, a fin de que, arraigados y cimentados en amor, seáis plenamente capaces de comprender con todos los santos cuál sea la anchura, la longitud, la profundidad y la altura, y de conocer el amor de Cristo, que excede a todo conocimiento, para que seáis llenos de toda la plenitud de Dios.
>
> EFESIOS 3:17-19

Con esa calidad de preparación fundamental, la Iglesia es llamada a ir al mundo y predicar el evangelio, Y estamos viendo a muchos de estos heridos ser sanados por la gracia, la revelación y el poder de Dios. Pero muchas veces hay tal profundidad de heridas y ansiedades en ellos que, incluso después de recibir al Señor, necesitan mucha oración para preparar su corazón con el fin de aceptar y caminar en su sanidad.

Allí es donde ustedes entran: ¡Madres, sufran por sus hijos! ¡Cristianas, sufran por sus hijos espirituales! Las invito a considerar la siguiente Escritura como una palabra *rhema* para ti como parte del Cuerpo de Cristo.

> ¿Quién oyó cosa semejante? ¿quién vio tal cosa? ¿Concebirá la tierra en un día? ¿Nacerá una nación de una vez? Pues en cuanto Sion estuvo de parto, dio a luz sus hijos. Yo que hago dar a luz, ¿no haré nacer? dijo Jehová. Yo que hago engendrar, ¿impediré el nacimiento? dice tu Dios. Alegraos con Jerusalén, y gozaos

con ella, todos los que la amáis; llenaos con ella de gozo, todos los que os enlutáis por ella; para que maméis y os saciéis de los pechos de sus consolaciones; para que bebáis, y os deleitéis con el resplandor de su gloria. Porque así dice Jehová: He aquí que yo extiendo sobre ella paz como un río, y la gloria de las naciones como torrente que se desborda; y mamaréis, y en los brazos seréis traídos, y sobre las rodillas seréis mimados. Como aquel a quien consuela su madre, así os consolaré yo a vosotros, y en Jerusalén tomaréis consuelo. Y veréis, y se alegrará vuestro corazón, y vuestros huesos reverdecerán como la hierba; y la mano de Jehová para con sus siervos será conocida, y se enojará contra sus enemigos.

Isaías 66:8-14

Estoy consciente de que muchos creen que las palabras *Sion* y *Jerusalén* en la Biblia se refieren a la nación judía. Otros insisten en que en algunas ocasiones estos nombres se refieren a la Iglesia. Otros, como yo, creen que ambas visiones son correctas a la luz de Romanos 10:11-13:

Pues la Escritura dice: Todo aquel que en él creyere, no será avergonzado. Porque no hay diferencia entre judío y griego, pues el mismo que es Señor de todos, es rico para con todos los que le invocan; porque todo aquel que invocare el nombre del Señor, será salvo.

Como el Cuerpo de Cristo, somos llamadas a ser un cuerpo de familias quebrantadas y un cuerpo de sanidad para las naciones. Necesitamos aprender a llevar a otros en nuestro corazón para sufrir en oración por los hijos como Pablo (Gálatas 4:19). Esos hijos entonces tendrán la oportunidad de que "crezcamos en todo en aquel que es la cabeza, esto es, Cristo" (Efesios 4:15) y traer sanidad a muchas más.

Como mujeres, estamos preparadas de forma natural con fe y vigor para la labor de parto. "La mujer cuando da a luz, tiene dolor, porque ha llegado su hora; pero después que ha dado a luz un niño, ya no se acuerda de la angustia, por el gozo de que haya nacido un hombre en el mundo" (Juan 16:21). En el ministerio no solo necesitamos transferir lo que sabemos en el plano natural para la tarea que hemos sido llamadas a hacer en lo espiritual.

Dios creó a la mujer con el don especial de la ternura que ministra. En 1 Tesalonicense 2:6-7, Pablo habla de su ministerio junto con Silvano y Timoteo, que tuvo éxito principalmente por la manera en que decidieron emular ese don más que reafirmar su autoridad. "Antes fuimos tiernos entre vosotros, como la nodriza que cuida con ternura a sus propios hijos" (1 Tesalonicenses 2:7).

Es importante que recordemos que a pesar de que ya no hay mujer u hombre en Cristo (Gálatas 3:28) (o sea, que todos somos uno en Él), hay muchos atributos distintivamente femeninos que deberíamos valorar. Cada una de nosotras va a crecer en la libertad de ser y expresar todo lo que somos cuando podamos decir: "Gracias, Dios por hacerme como *soy*". Y al entrar en una relación con el que es nuestra fuente principal de amor, esperanza, fuerza, seguridad y paz.

NOTAS

Capítulo 2: La liberación femenina en la Biblia

1. Rachel Levine; "The Biblical Woman" (La mujer bíblica); *YAVO Digest;* vol. 3, núm. 6, p.12. Usado con permiso. Derechos reservados.

Capítulo 6: Señales mixtas: aprende a manejar la sobrecarga emocional

1. Entrevista a Donald Joy; "The Innate Differences between Males and Females" (Las diferencias innatas entre hombres y mujeres); *Enfoque a la Familia,* Programa de Radio 099; 1984,1986.

Capítulo 7: Cómo sobrellevar la adicción de un ser amado

1. "Living With an Alcoholic" (Viviendo con un alcohólico); ComPsych Corporation; 2002; http://www.maricopa.gov/Benefits/pdf/AA/Living_with_Alcoholic.pdf (consultado el 23 de agosto de 2006).
2. Ibíd.

3. U.S. Department of Health and Human Services and SAMHSA 's National Clearing House for Alcohol and Drug Information (Departamento de Salud y Servicios Humanos de Estados Unidos y Casa de Informes Sobre Srogas y Alcohol de SAMHA); Preguntas frecuentes; http://ncadi.samhsa.gov/help/faq.aspx#substance (consultado el 23 de agosto de 2006).

Capítulo 9: La misericordia de Dios para la que tuvo que divorciarse

1. Fred H. Wight, *Manners and Customs of Bible Lands* (Maneras y costumbres de las tierras bíblicas); Moody Press; Chicago, Il.; 1989; p. 125.